計劃一下
享受一個輕巧自在的
悠哉小旅行

ことりっぷ co-Trip 小伴旅

箱根

讓我陪你去旅行
一起遊玩好EASY～

走♪我們出發吧

抵達箱根後…

終於到箱根了。

那麼，接下來要做什麼呢？

乘船遊湖、參觀美術館。
泡美肌溫泉、再體驗美容療程，
從心靈深處獲得釋放。

首先去拜訪美術館。欣賞完到附近享受有多樣功效的溫泉，悠閒地散步在綠意之中。再搭乘登山電車，在蘆之湖的豪華觀光船、或是能近距離看到大涌谷的白煙的空中纜車中，欣賞絕色美景。最後在住宿的飯店裡充分享受事先預約好、期待已久的美容療程。

check list

啊，看見富士山了！在閃閃發光的蘆之湖欣賞絕色美景。微風讓人心曠神怡。
🔎 P.58

溫泉的泉質有很多種呢。泡湯，能達到美肌效果就太好了。 🔎 P.24

參觀能以玩遊的感覺與大自然接觸的美術館，是箱根流的藝術鑑賞法。
🔎 P.44

大家都說有效!?　戀愛運UP的願望，希望神明能夠聽見。 🔎 P.60

什麼都別想，只需放空的美容療程。在旅行的目的地好像特別能放鬆呢。
🔎 P.19

抵達箱根後…

要吃點什麼呢？

箱根匯集了被譽為名水的湧泉、豐富的山產，以及近海的當季鮮魚。
名門法式料理、現做豆腐也非常值得一嘗。

在箱根首先要吃的，是以名水製作的豆腐。有些店裡還可以當場吃到現做的豆腐。大量使用箱根蔬菜的飯店、餐廳的中午全餐之外，蕎麥麵或是在充滿歷史的建築物中享用的懷石料理都要試試。日式甜點也不能錯過。

在有歷史的建築物中享用料理，味道也特別不一樣了呢。連氣氛也是一種享受。 ☞ P.76

check list

- ☐ 飯店的午餐 ☞ P.72
- ☐ 精心烹調的和食 ☞ P.80
- ☐ 專屬別墅主人們的餐廳 ☞ P.74
- ☐ 箱根蕎麥麵 ☞ P.84
- ☐ 在傳統建築中品嘗料理 ☞ P.76
- ☐ 在露台享用晚餐 ☞ P.86
- ☐
- ☐

一邊眺望蘆之湖一邊喝著好喝的紅茶，慵懶的午茶時光。 ☞ P.87

要買些什麼呢？

博物館紀念品、傳統的拼木工藝品、以及溫泉鄉才有的入浴劑。
好吃的麵包和豆腐伴手禮種類齊全。

箱根有許多高品質的美術館。在附設的博物館商店中，也有各式高品味的雜貨。還有能搭配現代生活設計新潮、魅力獨具的拼木工藝品。除了限量麵包、現做豆腐、茶菓子之外，也別忘了招牌的入浴劑。

有品味的博物館紀念品。也別忘了買給自己。 ☞ P.50

在湯本購買箱根饅頭作為伴手禮 ☞ P.91

發現可以當作禮物的骨董鑰匙 ☞ P.96

check list

- ☐ 博物館紀念品 ☞ P.50
- ☐ 知名人氣麵包 ☞ P.92
- ☐ 湯本的伴手禮銀座 ☞ P.90
- ☐ 夢幻豆腐 ☞ P.94
- ☐ 高質感禮物 ☞ P.96
- ☐ 傳統的拼木工藝品 ☞ P.98
- ☐
- ☐

到箱根玩2天1夜

從新宿搭乘浪漫特快的話，90分鐘可以抵達箱根。
美術館、美味午餐，加上悠閒的咖啡廳。
也別忘了參觀觀光景點。

第1天

抵達箱根湯本站
車站前的商店街擠滿了人

10:00

日式和西式的骨董品
種類齊全

搭乘箱根登山巴士前往宮之
下Sepia通，在**ギャルリー蔵**
和大和屋商店📖**P.40**找尋骨
董品。

12:00

古典的氛圍極具魅力

步行至メインダイニングルーム「ザ・フジヤ」
📖**P.76**。一邊眺望歷史悠久的建築，一邊
品嘗傳統咖哩。

13:30

搭乘箱根登山鐵路前往**彫刻之森美術館**📖**P.44**。
欣賞完戶外的雕刻後前往館內的咖啡廳。

15:30

搭乘箱根登山鐵路至強羅
站，在**強羅 花詩**📖**P.88**享
用和菓子和茶。

16:30

彩繪玻璃塔十分美麗

搭乘箱根登山電纜
車從強羅站到早雲
山站

設計時尚的室內裝潢

能將明星岳一覽無遺的飯
店。在**華ごころ**📖**P.106**辦理
Check-in，大涌谷的濁湯令
人期待。

第2天

10:00

搭乘**箱根空中纜車** P.56，穿山越嶺前進。腳下一望無際的全景讓人感動。

坐進紅色或藍色的車廂，出發囉。

10:10

在大涌谷站下車。前往不停噴出水蒸氣的**大涌谷** P.62。感受強而有力的大地能量所帶來的震撼。

在玉子茶屋購買有名的黑蛋

前往箱根神社鳥居旁的蕎麥麵店

12:30

抵達元箱根。前往使用以古式石臼製法磨出的蕎麥粉的**深生そば** P.85。能品嘗到有嚼勁的蕎麥麵。

11:30

接著搭乘箱根空中纜車到桃源台站。搭乘箱根海賊船，航行在閃閃發光的**蘆之湖**中 P.58。

以18世紀的帆船戰艦為模型設計

14:00

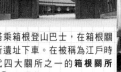

邊參觀邊回溯過往的箱根。感受歷史氣息

搭乘箱根登山巴士，在箱根關所遺址下車。在被稱為江戶時代四大關所之一的**箱根關所** P.65漫遊。

15:30

搭乘箱根登山巴士，前往箱根飯店中的**イルラーゴ** P.87。一邊眺望蘆之湖，一邊吃著蛋糕捲，享受午茶時光。

16:30

搭乘箱根登山巴士回到箱根湯本站，**尋找伴手禮** P.90。有好多知名的伴手禮。

湯本的招牌伴手禮，溫泉饅頭。滑順的口感使人上癮

再多住一晚的話…

第3天

10:00

在仙石原的**箱根Lalique美術館** P.43，沉醉於胸針和髮飾等美麗的裝飾美術裡。

在飯店享受經驗老道的主廚所享調的美味

香水瓶上華麗的
Lalique的世界

12:00

每個麵包看起來都好好吃，讓人舉棋不定

13:30

搭乘箱根登山巴士，再從宮之下站步行前往。在ラバッツァ P.78享用義式午餐。

前往隔壁的麵包老店**渡辺ベーカリー** P.92。購買當作伴手禮的麵包。

14:00

搭乘箱根登山鐵路前往箱根湯本站，再搭乘箱根登山巴士前往湯本中宿站。在ホテルマイユクール祥月 P.21體驗事先預約的美容療程。

16:00

享用當地著名菓子和抹茶

療程結束後洗回神清氣爽的澡

搭乘箱根登山巴士回到箱根湯本站，在**茶房うちだ** P.89喝茶吃甜點。被抹茶的香氣療癒了。

17:00 回家吧

好想再多待一會兒…

我的旅行
小法寶

my memo

擬定計劃的訣竅

●想要有效率巡訪範圍廣闊且景點滿載的箱根，就必須活用巴士、電車、空中纜車、觀光船等交通工具。

●在箱根湯本站、強羅站、仙石原站等地方，美術館、可當天來回的溫泉、好吃的餐廳等較為集中，也可以用步行的方式來遊玩。

第1天

箱根湯本站

在ギャリー蔵&大和屋商店找尋骨董品

在メインダイニングルーム「ザ フジヤ」午餐

彫刻之森美術館

在強羅 花詩喝茶

在華ごころ辦理Check-in

第2天

箱根空中纜車

欣賞大涌谷

搭乘箱根海賊船航行蘆之湖

在深生そば午餐

參觀箱根關所

在イルラーゴ喝下午茶

在箱根湯本站尋找伴手禮

回家去

再多住1晚的話

第3天

箱根Lalique美術館

在ラバッツァ享用義式午餐

在渡辺ベーカリー購買伴手禮

在ホテルマイユクール祥月體驗美容療程

在茶房うちだ喝茶

回家吧

9

ことりっぷ co-Trip 小伴旅 箱根

CONTENTS

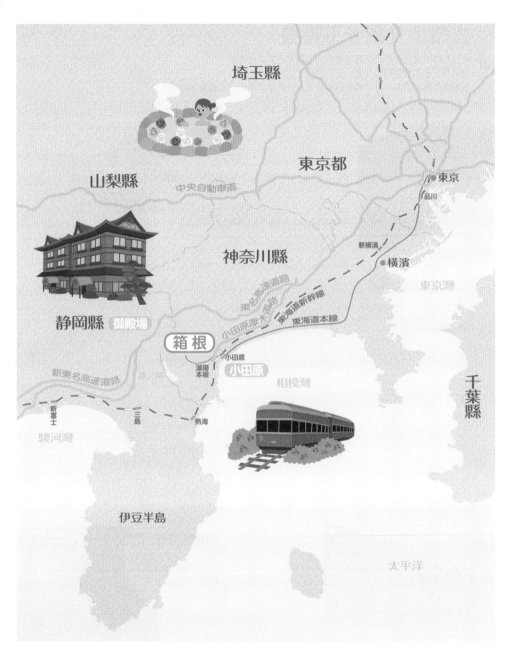

大略地介紹一下箱根

從江戶時代開始，就以平民所嚮往的溫泉療癒勝地而興盛、
可稱作「日本度假勝地元祖」的箱根。
從東京只需花數個小時，便能與在日常生活中無法體會的各種事物相遇。

首先
去哪裡好呢？

感受火山的
脈動
大涌谷 P.62

3000年前左右的火山
口遺跡。現在仍從地
底持續冒出白煙。

享受藝術的
世界
仙石原 P.42

在廣大的沼澤和草原
中，散布著各式各樣
的美術館。

映照富士山景色的
火口湖
蘆之湖 P.58

箱根的綠洲。觀光船
往來交錯，也可乘船
遊玩。

用江戶旅人的
心情漫步
箱根舊街道 P.64

石坂路、一里塚、杉
木林等，有各種保留
昔時風景的散步路
線。

明星岳

強羅

箱根登山鐵路

塔之澤

箱根山

駒之岳

二子山

箱根新道

神奈川縣

靜岡縣

蘆之湖

箱根Sky Line

箱根 Sky Line

ヨータイマターンパイク

車程5分

大觀山

幕山

開滿花朵的
山中公園

強羅 P.67

有90年以上歷史的箱根強羅公園，裡頭的法式庭園和各種植物園都很美。

首先取得
最新情報

先造訪位在出剪票口後過馬路的地方的箱根町綜合觀光案內所，除了能得到每一季的最新情報，還可以為您介紹住宿的飯店。隔壁有箱根登山巴士案內所的定期觀光巴士櫃檯，如果煩惱著不知要去哪裡玩，這裡也能為您介紹推薦的行程。
箱根町綜合觀光案內所
☎0460-85-5700

別忘了確認
車票和交通路線

車站大樓內有小田急旅行箱根湯本營業所，可以買到在箱根地區搭乘電車、巴士周遊時不可或缺的「箱根Free Pass」，P.14。此外，也能為您介紹當日的住宿飯店。在同一棟大樓中的箱根登山巴士案內所中，除了可以知道詳細的巴士運行路線，也能拿到一些優惠券。

想要擺脫行李
輕便地行動

前往車站大樓中的「箱根Carry Service」櫃檯。在中午12時30分前寄放的話，都能幫您送至箱根地區的任何一家飯店（下午3時以後可領取行李），讓您在前往飯店Check-in之前，也能輕便地進行觀光。一般大小的行李費用為700日圓。持有「箱根Free Pass」等通行證或是優惠券的話，還能折價100日圓。

肚子餓了嗎？

車站對面的大樓的4樓有「イタリア食堂 オルテンシア」P.79，出車站後往強羅的方向走一小段路則有「まんじゅう菓食の花」。店面的2樓是「茶屋」P.89，在這裡可以品嘗到茶和和菓子。

所需的東西和金錢
都足夠嗎？

要補充所需物品的話，從車站往強羅方向約200m左右有便利商店「7-11箱根湯本站前店」，距離近又方便。店裡也有ATM。

放鬆的
休息區域 P.38

小涌谷・宮之下

以擁有1個世紀以上的傳統為傲的富士屋飯店為首，這裡有很多高品質的飯店。

漫遊箱根的
玄關

箱根湯本 P.90

箱根中最大的溫泉鄉。從浪漫特快下車後展開登山電車之旅。

小田原
箱根湯本
鳳慶
入生田
東海道本線
小田原西
箱根登山線
石橋
東海道本線
新幹線
根府川
135

箱根湯本站大樓內的伴手禮店「箱根の市」營業至晚上9時。網羅了豐富的箱根名產。

13

在箱根區域中搭乘各式各樣的
交通工具快樂地往返

登山電車、電纜車、空中纜車、船、巴士等。
在旅途往返中登場的各種交通工具，也是箱根旅行的樂趣之一。
也有各種優惠票，根據需求好好地靈活運用吧。

便利的「箱根Free Pass」

小田急線起站到小田原站的來回票，加上可自由搭乘箱根區域內特定的主要交通工具的周遊券。有2日券和3日券，在小田急線的各站和各大旅行社等都可以買到（在小田原站、箱根湯本站也有販售）。此外，也有可從西武線、相鐵線的各站出發的周遊券。只要出示Pass，還可在區域內50個以上的地方享有優惠、優待票等特典。費用依出發車站而定（從小田原站出發的2日券3900日圓～），可洽以下詢問。

小田急旅客中心☎03-3481-0066

其他優惠票券

●電車、電纜車1日乘車券（トコトコきっぷ）
僅限於購買當天，可自由搭乘箱根登山電車（小田原～箱根湯本～強羅）和箱根登山電纜車（強羅～早雲山）。1500日圓。在小田急線小田原站、箱根登山電車各車站（無人車站除外）、箱根登山電纜車早雲山站等都可以購買。

●箱根旅行小幫手
在2天內可自由搭乘箱根區域中的伊豆箱根巴士、駒之岳纜車、十國峠電纜車、蘆之湖遊覽船（遊艇）。也能免費參觀一次箱根水族館。2800日圓。在伊豆箱根巴士的小田原站前、湯河原站前、箱根園、元箱根、箱根關所遺址的各詢問處及熱海營業處、各大旅行社等都可以購買。

●海賊船、空中纜車1日券
可自由搭乘箱根海賊船和箱根空中纜車的1日券。2850日圓。在海賊船的各個港口、空中纜車的各站都可以購買。

【箱根Free Pass 自由搭乘區域概略圖】

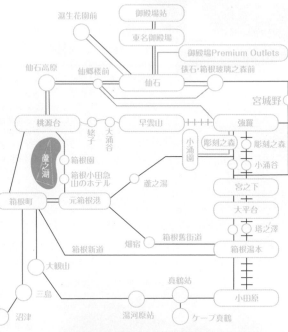

※觀光設施漫遊巴士根據日子、時間帶等路線會有不同。請事先確認時刻表。

也可以使用PASMO、Suica等

箱根區域中的電車、路線巴士等，除了一部分的路線外，都可以使用PASMO、Suica等交通系列的IC卡上下車。

② 將值得一看的地方一網打盡的「觀光景點周遊巴士（観光施設めぐりバス）」

周遊強羅、仙石地區的觀光景點十分便利的路線巴士。有車身畫上箱根神社的鳥居和金太郎等插畫的車輛、以及現代懷舊風格的「Skylight」車輛。

行駛的路線，從小涌園‧Yunessun前開始，經過彫刻之森、POLA美術館、箱根玻璃之森等觀光景點，到箱根濕生花園為止。大約每15～20分鐘一班車。一部分的班次會延長路線至御殿場Premium Outlets，也可將超值的購物行程安排至箱根旅行中。

如果要搭乘觀光景點周遊巴士的話，可購買便利的「觀光景點周遊巴士1 DAY TICKET」1000日圓。可在觀光景點周遊巴士車上、箱根登山電車宮城野營業處、箱根登山電車強羅站等處購買。只要出示票券，在沿線的主要景點還可享有入場費用優惠。也可使用「箱根Free Pass」搭乘。

【觀光景點周遊巴士 路線圖】 ※省略一部分的站名。

詢問處
箱根登山巴士
宮城野營業處
☎0460-86-0880

小涌園‧Yunessun前 ～ 彫刻之森 ～ 強羅站 ～ 強羅公園 ～ 箱根美術館 ～ POLA美術館 ～ 仙鄉樓前 ～ 川向‧小王子博物館 ～ 箱根玻璃之森 ～ 箱根高地飯店 ～ 品之木‧箱根高地飯店 ～ 仙石詢問處前 ～ 濕生花園前

※其他還有行經宮城野的班次、從箱根濕生花園前發車的班次、以及開往御殿場Premium Outlets的班次。

---

② 定期觀光巴士

由從熱海站至小田原站的伊豆箱根巴士，和從箱根湯本站到小田原站的箱根登山巴士兩家公司經營。不論哪一條路線都網羅了箱根值得一看的景點，也可在中途轉搭電纜車、空中纜車、海賊船等箱根特有的交通工具。推薦給沒有時間規劃旅遊行程的您。

詢問處
伊豆箱根巴士
熱海營業處
☎0557-81-8231
HP http://www.izuhakone.co.jp/sightseeing/index.html

詢問處
箱根登山巴士
小田原營業處
☎0465-35-1271
HP http://www.hakone-tozanbus.co.jp/teiki/index.html

箱根的交通有「小田急‧箱根登山系」和「伊豆箱根系」兩種。

箱根原來是這樣的地方

箱根為什麼叫箱根？

「根」是嶺，也就是山。「箱」則是以駒之岳的山的排列使人聯想到「箱」的說法最為普遍。是反映往昔山岳信仰的名字。

約翰藍儂曾經來過

1978（昭和53）年夏天，與家人一同造訪箱根的約翰藍儂。在富士屋飯店的史料展示室裡有其簽名，在嶋寫真店 MAP 40 裡則有其全家福照片。

有許多難得一見的交通工具

電纜車、空中纜車、觀光船、折返上坡的登山鐵路。利用這些交通工具，便能有效率的周遊箱根。真的是很方便！

箱根的山是天險♪～

如您所知，由鳥居忱作詞、瀧廉太郎作曲的『箱根八里』的開頭。歌詞的意思是「聞名天下的、險峻的山」。是自明治時代以來被傳唱超過100年的經典名曲。

富士屋飯店如名的原因

揭開箱根度假村序幕的，便是1878（明治11）年創業的富士屋飯店。當時作為外國人專用飯店，招待海內外的賓客，至今仍是象徵高級度假勝地‧箱根的存在。

用箱根的溫泉
讓身體和心靈都美麗

箱根從江戶時代開始便不斷湧出天然溫泉。
從能紓解日常疲勞的頂級療程、
森林中的溫泉一日遊、
潤澤肌膚的美肌溫泉、
到飄著淡淡硫磺香的濁湯溫泉。

在溫泉中慢慢地展開心的翅膀，
是箱根度假的序曲。

理想飯店的頂級美容療程
即使當天來回也能滿足地享受

因為是療癒疲憊身心的重要時間，
所以更要離開箱根中心，前往些許奢華的場所。
人氣飯店的美容療程，不需住宿也能輕鬆體驗。

寧靜舒適、東洋風格的美麗空間

コロニアル・ミラドー ∥湖尻∥

在注滿姥子之湯的SPA放鬆後，在面對綠色庭園的美容療程房間中，享受使用水果和花朵為原料的自製芳香精油療程，到達如夢般的境界。接著，在有明亮光線照射進來的餐廳，享用健康的法式料理。充分享受脫離日常生活的幸福空間。

☎0460-84-7229（オーベルジュ オー・ミラドー）
🏠箱根町湖尻159-15 ¥1泊2食21945日圓～ P有 🚌大石下巴士站即到 MAP 124 A-4

❶以巴黎風格家具統一的美容療程房間 ❷在貓腳浴缸享受Cream Bath（頭髮美容療程）
❸浴池裡注滿溫和不刺激的溫泉水 ❹自有品牌的芳香＆草本精油。

午餐美容療程

由相鄰的別館パヴィヨン・ミラドー的通道前往入口

在オーベルジュ オー・ミラドーの主餐廳用餐

品嘗減量使用農藥的新鮮蔬菜用心製作的料理

─● 美容療程 Menu 列舉 ●─

●午餐美容療程（ランチエステプラン）
¥12122日圓（オーベルジュ午餐＋美容療程（30分鐘）＋溫泉入浴美容療程可從臉部、背部、腳部、藥草蒸浴中選擇 ※追加費用可升級為放鬆美容療程午餐15939日圓（美容療程50分鐘）

●舒緩臉部療程（リラクゼーションフェイシャル）
⏱60分鐘 ¥13860日圓

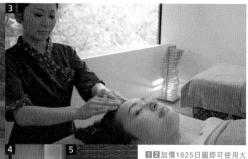

用喜愛的精油讓自己更放鬆

療程中使用的精油，有數個種類供您選擇。您可根據膚質或是喜愛的觸感&香味選擇要使用的精油。

①②加價1625日圓即可使用大浴池。如果有空位的話也可以使用美容中心裡不斷注入溫泉的露天浴池（30分鐘）。③療程一景。身心都獲得療癒。④被寂靜氛圍環繞的美容療程室 ⑤使用自製的精油

徜徉在神秘森林裡的愉悅SPA

箱根吟遊 ‖宮之下‖ はこねぎんゆう

被雄偉的箱根群山圍繞，箱根人氣首屈一指的飯店。全程以手進行的SPA廣獲好評。先以迎賓飲料放鬆心情，再悠閒地泡澡。之後在森林中的美容療程室裡享受療程，身心都獲得療癒。

☎0460-82-3355 ⛺箱根町宮ノ下100-1 ¥1泊2食30000日圓～
Ⓟ有 ‼宮之下站步行3分 MAP41

反射療法（當日來回SPA&泡澡方案）

視野開闊的接待室，可獨佔眼前的溪谷美景

換上療程專用服裝，自然地進入放鬆模式

想要沉浸在療程後的餘韻，就到接待室喝杯花草茶吧

美容療程 Menu列舉

●反射療法（リフレクソロジー）60
⏱60分鐘¥10000日圓（非會員）以粉末紓解腳踝的反射區，再以精油按摩至膝蓋
●臉部療程（フェイシャル）70
⏱70分鐘¥16000日圓（非會員）
使用自家產品，喚醒肌膚

當日來回美容療程的預約，コロニアル・ミラドー可在2個月前、箱根吟遊可在1年前進行預約。兩者都相當受歡迎，請儘早預約。

講究美容產品
讓你變美的個性派美容中心

堅持使用日本原料的香氛品牌、以及使用梅子和抹茶等日式原料的品牌，
這裡的療程使用充滿個性的產品，選擇多樣。
療程後還能享受溫泉，追求更上一層樓的美肌。

發揮植物力量的正宗SPA

箱根凱悅酒店
‖強羅‖ ハイアット リージェンシー 箱根 リゾート&スパ

以自然療法為基礎的SPA IZUMI。提供附浴缸或是可同時服務2名客人等各式個人房。除了在法國獲得高評價的「YON-KA」之外，也採用積極活用國產原料的日本自然派品牌「THREE」之產品。

☎0460-82-2000 ᐃ箱根町強羅1320 ¥房費平日35000日圓～ ᐯ有 ‼上強羅站步行5分
MAP 125 D-3

● 療程 *Menu*列舉 ●
●全套療程（フルテラピー）
⏱90分鐘 ¥22000日圓～
使用由水果種子中萃取的精油進行全身療程
●循環療程（サーキュレーション）
⏱120分鐘 ¥35000日圓
使用能夠調整僵硬和水腫等身體不適的THREE商品，進行的全身療程

─ 療程的重點 ─

堅持使用有機精油和國產原料的「THREE」之產品

推薦使用國產美妝品牌「THREE」的產品所進行的療程。來感受一下注重肌肉收縮和血液、淋巴循環的獨創療法。

1 被箱根的自然景觀環繞，寧靜舒適的美容療程房間 **2** SPA IZUMI的入口 **3** 滿溢柔和香氛的休息室 **4** 引入酸性硫酸鹽泉的大浴池 **5** 共有4間附浴缸的房間

大量補充After Tea
療程後身體的排汗比想像中多，因此需要補充水分。課程後會提供免費的茶，請不要客氣盡情地享用吧。

日式與天然產品的療程
箱根皇家王子大飯店
‖元箱根‖ ザ・プリンス 箱根

提供使用做造梅花、抹茶感覺的精油和去角質霜的療程，以及只有在蘆之湖豐富大自然環境裡才可能做到、調整身心均衡的阿育吠陀等項目。在有著日本傳統的空間裡，好好享受療癒的時光吧。

☎0460-83-1111 △箱根町元箱根144 ¥1泊2食20300日圓～ Ｐ有 !!巴士站ザ・プリンス箱根站即到 MAP 126 A-2

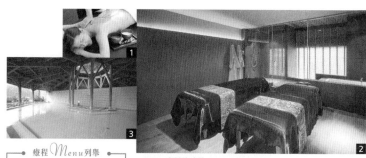

療程 Menu 列舉
●阿育吠陀（アロマボディトリートメント）
⏱70分鐘 ¥16800日圓
使用配合各人體質的精油
●臉部保養（フェイシャルケア）
⏱60分鐘 ¥13650日圓
以清潔按摩為主的保養

療程的重點
使用「梅花」「抹茶」的去角質霜
使用有日本感覺的精油和去角質霜等獨創的治療材料進行施術。

1 在您喜歡的香氣中進行療程
2 可2人同時進行療程的豪華房間 3 療程結束後也別忘了享受附設的「箱根湖畔之湯」

保養的重點
備有3種調配精油
會配合客人的喜好和身體狀況，使用調配精油進行療程。

1 全新裝潢的療程房間 2 在被溫柔香氛包圍中享受按摩

幸福的全程手壓療程
ホテルマイユクール祥月
‖箱根湯本‖ ホテルマイユクールしょうげつ

在飯店1樓的沙龍「エレガンスマイユ」裡，可以在舒緩的全程手壓按摩，以及美妙的植物精油香氛中，享受到頂級的放鬆時光。除了沙龍內的療程之外，還有提供客房服務的「お部屋de エステ」。

☎0460-85-5748 △箱根町湯本468 ¥1泊2食15900日圓～ Ｐ有 !!巴士站湯本中宿即到 MAP 122 B-2

美容療程 Menu 列舉
●芳香精油整體療程（ハーフボディコース）
⏱60分鐘 ¥10500日圓
使用芳香療法界最著名師傅「Eve Taylor」的精油
●抗老化美顏療程（ローズドリナフェイシャルコース）
⏱60分鐘 ¥12600日圓
含頭部按摩和臉部面膜的充實療程

也要享受日本庭園風格、氣氛舒適寧靜的露天浴池

根據飯店不同，非住宿旅客的療程可能會有額外費用。請事前進行確認。

傳統的老飯店也能
輕鬆享受溫泉一日遊

在明治、大正、昭和初期有眾多文人墨客和各國名人造訪的箱根。
這些受政商名流喜愛的知名飯店，透過附餐的泡湯一日遊方式，
便能不受消費門檻的限制，輕鬆地品味其氛圍。

財團家的知名庭園和自家湧泉的溫泉

強羅環翠楼 ‖強羅‖ ごうらかんすいろう

接收前三菱財團的別墅，在
1949（昭和24）年創業的
純日式旅館。個人室前為充
份活用強羅自然環境的知名
庭園，可在此充份放鬆休
息。附餐的內容是正統的和
食菜色。軟性泉質的溫泉是
自家源泉，能讓肌膚光滑，
廣受好評。

☎0460-82-3141
🏠箱根町強羅1300 ¥1泊2食
21150日圓～ Ⓟ有
🍴強羅站步行3分
MAP 125 E-3

information

泡湯・午餐・包廂休息專案
¥7400日圓～ ⏰11:00～
14:00 休週六
※週日、國定假日為10550日圓
※2人以上，最晚需在一天前以
電話預約，附毛巾、浴衣。

1注滿從2處自家湧泉引入的
溫泉 2一日遊使用的客房一
例。從陽台可直接到庭園
3選用當季食材的懷石料理。
中餐也是一道一道送進房間裡
45時間緩緩地流逝

22

讓人回想起過往的知名建築物之美
在明治～大正時期所建的飯店中，有被指定為國家的重要文化財產的建築。泡完湯後也請細細品味美麗的懷舊空間。

在現代懷舊風的明治浴室感受溫泉療場氛圍

三河屋旅館 ‖小涌谷‖ みかわやりょかん

創業於1883（明治16）年的老飯店。在引入自家湧泉的明治浴室中，有難得一見的唐傘天花板和格子狀的磁磚，在現代懷舊的設計中感受歷史。此外，也十分推薦大浴場的檜木露天浴池。沐浴之後，悠閒地享受晚餐。

這是將小涌谷開發為溫泉區的實業家，榎本猪三郎所創業的旅館

☎0460-82-2231
🏠箱根町小涌谷503
¥1泊2食17650日圓～
Ｐ有
🚌巴士站牌蓬萊園即到
MAP 125 D-4

1 附晚餐的方案可品嘗到當季懷石料理 2 在寧靜舒適的客房裡悠閒地休息 3 明治浴室使用從後山引來的自家湧泉

information
沐浴・午餐・包廂休息專案
¥11500日圓～ ○15:00～20:00
休週六・日、國定假日、國定假日前一天（可能視客房使用情況休息）
※2人以上，最晚需在前一天預約

1天限定3組的上流時光

富士屋飯店別館 菊華荘 ‖宮之下‖ ふじやホテルべっかんきっかそう

富士屋飯店的別館，是將曾是皇室御用邸、以及高松宮家別邸改建為飯店的建築。僅有3間客房，能在不擁擠的狀態下，悠閒地享受全部由檜木打造的浴池。泡完湯後再享用充分運用四季食材的懷石料理。

入口處樸實無華但占地廣大，還有寬闊的庭園

☎0460-82-2211(富士屋飯店)
🏠箱根町宮ノ下359 富士屋ホテル別館
¥1泊2食34800日圓～ Ｐ有 🚌宮之下站步行7分
MAP 40

1 自然光線灑落，充滿風情的浴室。檜木的觸感相當輕柔 2 能夠眺望庭園的客房 3 繽紛的午間懷石

information
沐浴・午餐・包廂休息專案
¥9500日圓
○11:00～15:00 休無休
※週六・日、國定假日為11600日圓
※2人以上，最晚需在前一天預約，附浴衣

擁有壯麗庭園的老飯店。在沐浴和用餐後，也請悠閒地欣賞四季的景色。

何不在以泉質為傲的飯店 感受美肌湯的效果呢？

從乳白色的濁湯、到大涌谷湧泉引入的溫泉，
溫柔地包圍身體和心靈，
且和肌膚融為一體的眾多箱根名湯，都能以當日來回的方式享受。

濃厚的硫磺泉擁有許多粉絲

美肌の湯 きのくにや ‖蘆之湯‖びはだのゆきのくにや

以腹地中湧出的溫泉為傲的
飯店。自然湧出的硫磺泉，
硫磺含量高，美肌效果卓
越。此外也由湯ノ花沢引來
清爽的弱鹼性溫泉，一次能
享受到兩種溫泉。

☎0460-83-7045 介箱根町芦
之湯8 ¥1泊2食12000日圓～
⏰12:30～16:00（週六、日、
國定假日～15:00）休不定休
P有 ‼巴士站蘆之湯即到
MAP 126 C-1

╭━ *information* ━╮
¥1000日圓
時間限制：2小時
免費休息室：有
包租浴池：限住宿房客
※毛巾（販賣）150日圓，
浴巾（出租）200日圓
╰━━━━━━━━╯

1本館的女性專用浴池「美肌風
呂」2當日來回的入浴方案，也
可以使用別館的「貴賓殿」3充
滿風情的客房 41715（正德5）
年創業的老飯店

24

具有美肌效果的乳白色濁湯

自古以來以美肌效果著稱的大涌谷泉源的硫磺泉。能去除老廢角質，泡完湯的肌膚變得水潤光滑。

■1 岩造的露天浴池「さくら亭　初音」
■2 當日來回泡湯專案的餐點「箱根豬豆乳鍋」
■3 個別休息室的客房

用大涌谷湧泉的溫泉使肌膚水潤

箱根強羅溫泉 桐谷箱根荘
‖強羅‖はこねごうらおんせんきりたにはこねそう

現代風茶室建築，風情獨具的飯店。被評為「美人之湯」的天然溫泉，源源不絕的引入被竹林包圍的露天浴池中。附餐點和包廂休息室的當日來回泡湯專案7925日圓～也深受好評。

information

¥1575日圓
時間限制：2小時
免費休息室：無
包租浴池：有（露天50分鐘／2人・4200日圓～）
※借毛巾免費，借浴巾免費

☎0460-82-2246　⌂箱根町強羅1320-598　¥1泊2食13275日圓～
🕙10:00～18:00　㊡無休　Ⓟ有　‖公園上站步行5分
MAP 125 D-3

有美肌效果的鹼性溫泉

小田急 ホテルはつはな
‖箱根湯本‖おだきゅうホテルはつはな

位在稍微遠離溫泉街的地方，可以悠閒地放鬆的飯店。具有去除老廢角質、使肌膚光滑效果的高鹼性純溫泉相當受歡迎。也有0泊2食的當日來回專案16000日圓～。

information

¥0泊1食當日來回專案8000日圓～（3人以上共用一室）
時間限制：有
包廂休息室：有（客房）
包租浴池：無
※借毛巾免費，借浴巾免費

☎0460-85-7321　⌂箱根町須雲川20-1　¥1泊2食22150日圓～（4人共用1室）　🕙10:00～20:00（12:00～15:00不可入浴，客房使用13:00～）　㊡週五、六、日、國定假日　Ⓟ有　‖從箱根湯本站搭乘湯本旅館協會循環巴士約10分　MAP 122 A-4

■1 女性專用SPA「やまざくら」的臥湯　■2 能眺望湯坂山的客房　■3 0泊1食當日來回專案的中餐

當日來回入浴的時間和人數，可能因日期或季節而有所變動。事前確認後再出門更安心。

不用住宿也能享受
溫泉、午餐、晚餐的奢華心情

沒有時間住宿，但仍希望享受溫泉、以及美味的午餐和晚餐，
最適合忙碌的人「0泊2食入浴專案」。
能在住宿用的客房休息，度過大大滿足的1天。

最長可待9個小時充分放鬆

湯本富士屋飯店
‖箱根湯本‖ゆもとふじやホテル

午餐有3種選擇、晚餐可由3種全餐中挑選。就連客房也有5種選擇，組合的自由度高，十分貼心。在午餐和晚餐間的空檔，享受充滿野趣的露天浴池。

☎0460-85-6111
🏠箱根町湯本256-1
🕐12:00～21:00（午餐時間11:30～14:00，晚餐時間18:00～） 困無休
🅿有 🍴箱根湯本站步行3分
MAP 122 C-1

┌───── 0泊2食專案 *infomation* ─────┐
¥12500日圓～
🕐12:00～21:00
圖可由本館雙床房、本館和洋室、家庭房、本館和室、豪華雙床房中選擇
※毛巾、浴巾免費出借
└─────────────────────────────┘

Lunch
有40種料理可選擇的午間自助餐。還有日本料理和中國料理

Dinner
可由法國料理、中國料理、居酒屋定食中選擇自己喜愛的料理

1 泉質柔軟的箱根湯本溫泉的露天浴池
2 寬廣的大廳 3 休息使用的客房一例，和洋室房型。客房房型可由幾種類中選擇
4 入口處有能感受到日式風情的空間

溫泉／不用住宿也能享受奢華氛圍

從高台欣賞強羅的絕色美景

箱根ELECASA HOTEL&SPA

‖宮城野‖

位於宮城野的高台，能充分享受強羅景色的飯店。當日來回專案中，包含非正式的午餐、以及本飯店自豪的義式晚餐全餐。能奢侈地享受引入強羅溫泉的浴池也是魅力所在。

☎0460-86-1201
⛩箱根町宮城野1362-16
🕐12:00～22:00
㊡無休 Ⓟ有
‼強羅站有接送巴士 MAP 125 E-3

```
•——————•
    0泊2食專案 information
¥18000日圓～  🕐12:00～22:00
🛏現代風和室、歐風時尚雙床房
 （不可指定）
※毛巾、浴巾免費出借
•——————•
```

1全景大浴場讓心情也開闊起來
2能慵懶地放鬆休息的現代風和室
3可從正面欣賞強羅群山的歐風時尚雙床房 4早雲山和強羅的自然景色盡在眼前

Lunch

在展望餐廳，享受營養均衡的非正式午餐。

Dinner

義式晚餐全餐。使用直接從相摸灣進貨的海鮮和當季食材。

包廂休息用的客房，根據住房狀況，可能會有無法選擇的情況。

能隨心所欲地放鬆
前往舒壓的絕色美景・幽境溫泉

慵懶地把身體託付給溫泉的時光，是如此地幸福。
不過既然來到箱根，也十分推薦一邊眺望天空、一邊聆聽林木婆娑，
在大自然中享受溫泉的方式。

❶天花板和牆壁做成拼木工藝風格的「仁兵衛の湯」 ❷預約制的個人露天溫泉「うぶ湯」 ❸位於早雲山台地，可將強羅的街道一覽無遺。

欣賞箱根群山、充滿野趣的露天溫泉

白湯の宿 山田家
‖ 強羅 ‖ しらゆのやどやまだや

有能一邊眺望眼前的箱根群山一邊悠閒泡湯的露天浴池。根據季節和天候，會變成灰色或是淡黃色的濁湯，能滲透肌膚、使肌膚充滿水分，廣受好評。

information

¥1300日圓
時間限制：1小時30分鐘
免費休息室：有
包租浴池：有（50分鐘／3350日圓）
※毛巾（販賣）200日圓、浴巾（出租）100日圓

☎0460-82-2641 ⌂箱根町強羅1320-907 ⏰12:00～16:00（旺季～15:00）㉠週二 ℗有 ‼早雲山站步行3分 MAP 125 D-3

❶注入來自自家源泉、功效豐富的硫磺泉 ❷內湯的大浴場 ❸溫泉&客房方案2人使用1房時每人5000日圓～。最長可待4個小時。

以絕色美景和濁湯，與大自然融為一體

箱根湯の花溫泉ホテル
‖ 湯の花高原 ‖ はこねゆのはなおんせんホテル

位於箱根標高最高處的溫泉。除了山群與樹木外沒有其他遮蔽物，能充分感受露天溫泉特有的開闊感。充滿溫泉結晶的濁湯，泉質優良，相當受歡迎。

information

¥1650日圓
時間限制：無（人潮眾多時縮短營業時間）
免費休息室：有
包廂浴池：無
※毛巾免費出借，無浴巾

☎0460-83-5111 ⌂箱根町湯の花高原 ⏰13:00～16:00（週六、日12:00～）㉠1、2月的週二、三 ℗有 ‼巴士站蘆之湯搭乘接送車5分（需聯絡） MAP 126 C-1

鎖定富士山最美的時期

說到箱根的絕色美景，便是富士山。從開始轉涼的晚秋到整個冬天的景色是最美的。建議可鎖定這個時期前往。

❶一邊眺望雄偉的富士山一邊充分享受優質的自家湧泉吧
❷從中庭也能將富士山一覽無遺
❸能眺望中庭的餐廳，讓人想慢慢地享用午餐

一邊享受露天浴池一邊眺望高聳的富士山

ホテルグリーンプラザ箱根
‖仙石原‖

佇立在標高860m、寧靜的國家公園中的度假飯店。溫泉大浴場的泉源是優質的仙石原溫泉，能一邊泡湯一邊眺望富士山的絕佳地點是魅力所在。

information

¥ 1600日圓
時間限制：無
免費休息室：無
包租浴池：無
※毛巾、浴巾免費出借

☎ 0460-84-8611　⌂箱根町仙石原1244-2　⏰12:00～15:00　㊡第1、第3個週四（另有飯店休館日）　Ⓟ有　‼巴士站姥子步行5分　MAP 124 B-3

想用餐也沒問題
午餐&當日來回入浴3800日圓。平日的洋食套餐為1日限定20客的富士見御膳，週六、日、國定假日為約30種類的和洋中自助餐。

❶在森林浴的氛圍中入浴　❷個人露天浴池「繩文之湯」。楓葉時期的景色更是特別　❸鋪滿場場米、寬敞的免費休息室。也有包廂（120分鐘4000日圓～）

被溪谷的濃綠包圍的個人露天浴池

楽遊壽林自然館
‖宮ノ下‖らくゆうじゅりんしぜんかん

在森林中有3座階梯式的檜木露天浴池，以及2座個人浴池。能一邊泡湯一邊欣賞溪谷的景色堪稱一絕。為了保持寧靜，泡湯人數1日限定100位。遠離喧囂，感受寧靜的片刻。

information

¥ 2500日圓
時間限制：無
免費休息室：有
包租浴池：有（50分鐘／2000日圓、3000日圓）
※毛巾（販賣）150日圓，浴巾、浴衣免費出借

☎ 0460-82-0265　⌂箱根町宮ノ下225　⏰10:00～19:00　㊡週三（遇國定假日則為隔天休息）　Ⓟ有　‼宮之下站步行10分　MAP 40

想用餐也沒問題
提供如生蒟蒻和山藥蕎麥麵等對身體有益的菜色。中午推薦金時力餅膳1680日圓。

泡溫泉之前記得取下身上的飾品。銀會與硫磺泉產生氧化反應而變黑喔。

隨心所欲地使用
與平常不同，大人的Yunessun

溫泉地才有的溫泉主題樂園，箱根小涌園Yunessun。
特殊的浴池相當知名，但也有寧靜舒適的個人浴池以及放鬆療程等，
是連大人也能得到滿足的空間。

❶位於國道一號沿線 ❷附按摩浴池的諸神愛琴海 ❸庭園露天溫泉室 ❹附專用休息室的個人浴池 ❺露天紅酒浴池 ❻綠茶浴池 ❼滑水道山脈

雕琢美麗，箱根首屈一指的溫泉主題樂園

箱根小涌園Yunessun ‖小涌谷‖はこねこわきえんユネッサン

擁有約100個浴池的溫泉主題樂園。館內分為泳裝區「Yunessun」，以及有個人浴池的裸湯區「森之湯」。此外，也提供美容療程、按摩、岩盤浴等，各種療程的設備十分齊全，能深入地雕琢美麗。

☎0460-82-4126 　🏠箱根町二ノ平1297
🕘9:00～18:00（3～10月～19:00）、森之湯11:00～21:00
※隨季節不同 困需洽詢 🅿有
🚌巴士站Yunessun前、巴士站小涌園即到 〔MAP〕125 D-4

入場費用（大人）

☆Yunessun&森之湯的
　套票比較超值
◎ 套票　　　　　　　4000日圓
　（Yunessun&森之湯）
◎ Yunessun　　　　2800日圓
◎ 森之湯　　　　　　1800日圓

美麗

岩盤浴 がんばんよく

使用負離子和遠紅外線效果高的麥飯石。可一邊聆聽水琴窟，一邊進行全身排毒。

☎0460-82-8001 ⏰11:00～17:20（需預約）¥1500日圓／100分鐘（Yunessun顧客1000日圓）

↑利用咖啡的香氣達到放鬆的正統咖啡浴池
→水花爽快飛濺的龍之水邊

泳裝區

Yunessun

聚集充滿娛樂性、以及特殊風格浴池的SPA。露天紅酒浴池、會將老廢角質吃掉的醫生魚足湯等，可著泳裝進入各個充滿個性的浴池。

蕎麥麵

箱根 茶寮 椿山荘
はこねさりょうちんざんそう

在登錄為國家有形文化財產的建築物中享用蕎麥麵。正統的餐點十分值得一試。▷P.76

美麗

各種療程設備

提供各種進行溫和按摩保養、放鬆的設備。可根據喜好進行選擇。

<アロマde massa オリーブ>
・淋巴芳香療法
・夏威夷Lomi Lomi 等
<オリエンタル ボディケア「葉亜舞」>
・護膚全身指壓按摩等
※費用需以電話確認

裸湯區

森之湯 もりのゆ

可以欣賞外輪山的露天浴池裡，新設了「陶器浴池」和「濁湯（限女湯）」，也有可以躺著放鬆的「お休み処」。

期間限定的主題浴池也相當受歡迎。也有販售露天紅酒浴池和正統咖啡浴池等的自製入浴劑。

女生們能輕鬆前往的
精選平價溫泉

"到處泡湯"也是享受箱根的方法之一。
在不到1500日圓即可泡湯、價格合理的溫泉中、體驗各種溫泉。
發現自己喜好的泉質、也是一種樂趣。

明星岳橫亙眼前的絕色美景浴池

箱根 てのゆ ‖宮之下‖

能遠眺明明星岳的露天浴池、引入天然溫泉的大岩浴池、木桶浴池等、可以享受豐富多樣的浴池。包廂家庭浴池有檜木浴池、壺浴池等3種、加上6張塌塌米大的房間、可以使用2個小時。想要悠閒地放鬆的人千萬不能錯過。

☎0460-86-1026 ⌂箱根町底倉555 ⏰11:00～19:00（週六、日、國定假日～20:00）㊡不定休 🅿有 ‼宮之下站步行13分 MAP 125 E-4

※ information ※
¥1200日圓（週六、日、國定假日為1600日圓）
時間限制：無
免費休息室：有
包租浴池：有（120分鐘／每人3360日圓、週六、日、國定假日為3960日圓，2人以上使用）
※毛巾、浴巾免費出借

❶以豆花的健康御膳950日圓聞名的餐廳 ❷除了大岩浴池、泡泡浴池外、也有2人以上可使用的個人浴池 ❸位在能感受明星岳四季景色的地點

待一整天也不膩、多采多姿的空間

天山湯治鄉 ひがな湯治 天山

‖箱根湯本‖てんざんとうじきょうひがなとうじてんざん

以從5處湧泉、1天約37萬公升的湧出量為傲的當天來回溫泉。浴池分男女各有6個、還有女性專用的高溫三溫暖。除了大房間和收費的包廂相當完善外、河川旁的讀書室也非常受歡迎。還有販賣用溫泉水泡的咖啡及健康飲品的咖啡廳、提供溫泉涮涮鍋和滋補料理的餐廳、蕎麥麵店（可能停業）。

☎0460-86-4126 ⌂箱根町湯本茶屋208 ⏰9:00～22:00 ㊡12月中旬左右的5天 🅿有 ‼箱根湯本站搭乘飯店協會巴士（旅館組合巡回バス）約10分 MAP 122 B-4

※ information ※
¥1200日圓
時間限制：無
免費大房間：有
包租浴池：無
※毛巾（販賣）200日圓、浴巾（販賣）350日圓～、備有香皂、無添加物洗髮精、潤髮乳等

❶通往館內的入口。旁邊是咖啡店「うかれ雲」的陽台 ❷❸岩石浴池、洞窟浴池等種類豐富。浴場內有不傷害環境的固體香皂

建議攜帶自己的浴巾

幾乎每家溫泉都有準備毛巾，但大多數是要收費的。想要更經濟地享受溫泉，就自己攜帶浴巾吧。

男女各7座的獨特浴池充滿魅力

湯の里おかだ ‖箱根湯本‖ ゆのさとおかだ

被湯坂山環繞的當天來回溫泉設施。除了水柱溫泉和噴射水流溫泉外，還有利用電磁場使細胞活性化的電漿溫泉等，匯集了各種獨特的溫泉。也有能享用當季山珍海味的餐廳。

☎0460-85-3955 ⏁箱根町湯本茶屋191 ⏰6:00～9:00、11:00～23:00 ㊡不定休 🅿有 🚌巴士站奧湯本入口步行10分 🆖122 B-4

❶女性專用的岩石浴池 ❷以細微氣泡按摩全身的泡泡浴池 ❸包租休息室2小時2100日圓～ ❹充滿時尚氛圍的免費休息室

information

¥1400日圓
時間限制：無
免費休息室：有
包租浴池：有（45分鐘／1050日圓）
※毛巾、浴巾組（出借）200日圓

在檜木香氣中盡情享受溫泉樂趣

湯遊び処 箱根の湯 ‖箱根湯本‖ ゆあそびどころはこねのゆ

進入舊東海道後不久便能抵達的當天來回溫泉設施。擁有2處專用的湧泉，注重安全性和清潔的浴池，有水柱溫泉、噴射水流溫泉、泡泡浴池、躺臥溫泉等，種類非常豐富。

☎0460-85-8080 ⏁箱根町湯本茶屋100-1 ⏰10:00～22:00 ㊡不定休 🅿有 🚌巴士站台之茶屋步行4分 🆖122 B-4

information

¥1000日圓
時間限制：無
免費休息室：有
包租浴池：無
※毛巾、浴巾組（出租）300日圓

❶女性用的噴射水流浴池。男女各有5座浴池 ❷塌塌米的免費休息房間 ❸泡泡溫泉藉由細微的刺激來達到美肌效果

也有些平價溫泉位在車站的步行範圍外。想要到處泡湯的話，可用共乘計程車等方法，在交通方式上花點心思。

從車站輕鬆漫步
悠閒的箱根一日遊

去東京觀光時再走遠一點點去箱根。
正因為箱根距離東京都心不遠，想去的時候隨時都能去。
泡完溫泉吃中餐、再到美術館喝下午茶…。充滿著各種樂趣。

9:00
搭乘浪漫特快前往箱根

距離東京都心90分鐘，一下子就到了

有著蜂蜜味芥茉醬味道的烤乳酪三明治750日圓

10:25
抵達箱根湯本站

先到車站附近的「Cafe Timuny」喝杯茶屋擬作戰會議

Cafe Timuny.
‖箱根湯本‖ カフェティムニー

2012年開業的純美式咖啡廳。女性店主是當地人，以高香氣的水滴咖啡待客。

咖啡廳 ☎0460-85-7810 ⌂箱根町湯本706-32 1·2F ⏰10:00～18:30 困週三 ℗無 ‼箱根湯本站步行3分 MAP 122 B-1

寬闊的1樓內觀。2樓設有可以俯瞰早川的座位

泡著湯享受美麗庭園最為美妙。附毛巾，因此可以空著手來

步行6分

引自須雲川的清流，發出愉悅水聲的療癒空間。秋季的紅葉美不勝收

12:00
吉池旅館　泡澡&庭園散步

吉池旅館
‖箱根湯本‖ よしいけりょかん

擁有由專業造園師費心製作1萬坪庭園的老字號旅館。著名的露天浴池可以純入浴，也可以散步庭園中。

純入浴 ☎0460-85-5711 ⌂箱根町湯本597 ⏰11:00～20:00(散步～17:00) ¥純入浴2小時2000日圓、庭園免費入園 困不定休 ℗有 ‼箱根湯本站步行7分 MAP 122 A-2

14:00
沉浸在小而美的「平賀敬美術館」

好像到奶奶家一樣，讓人感到溫暖和平靜。據說也有引入天然湧泉的溫泉。下次一定要試試

平賀敬美術館

‖箱根湯本‖ひらがけいびじゅつかん

靜靜佇立於湯本小道深處的美術館。以獨特畫風聞名的畫家平賀敬晚年生活的宅邸，直接作為美術館。明治的元勳們待過的建築，現在被指定為國家的文化財。

〔美術館〕☎0460-85-8327 ⌂箱根町湯本613 ⏰10:00~17:00 休週三、四（固定假日營業）¥600日圓（入浴另收1100日圓）Ｐ有 ‼箱根湯本站步行7分 〔MAP〕122 A-2

經鬆鬆步即可抵達

在看得到庭園的客廳裡，喝茶吃甜點放鬆身心

15:30
在箱根寫真美術館的咖啡店「プレジール・ドゥ・ルフ」喝茶

也可搭乘箱根登山鐵路，由強羅站步行5分鐘即可抵達

プレジール・ドゥ・ルフ

‖強羅‖

箱根寫真美術館附設的咖啡店。能享用到法國鄉村風的烤蛋糕、餅乾和季節限定甜點。不逛美術館也能用餐。

〔咖啡廳〕☎0460-82-2717（箱根寫真美術館）⌂箱根町強羅1300-432 箱根寫真美術館內 ⏰10:00~17:00 休週二和其他臨時休 ¥蛋糕組合750日圓~ Ｐ無 ‼強羅站步行5分 〔MAP〕125 D-3

目標是曾在巴黎麗池飯店學習過的甜點師傅所作的蛋糕。今天選擇核桃焦糖蛋糕。果然名不虛傳。

WELCOME
TICKET 500yen
SHOP / CAFE

17:00
回到箱根湯本買伴手禮

由畫家的太太親自接待的美術館。在這裡的感覺實在太舒適。也有人會花上半天的時間待在這裡。

箱根十七湯，
先了解再泡的話效果會加倍？

所謂的「箱根十七湯」，是由江戶時期的7座溫泉，
加上明治後開業的10座溫泉而成。
箱根所有山的溫泉湧出量為全國第5名。
泉質有20種之多。

仙石原溫泉
女性喜愛美肌效果深受

箱根裏街道

宮城野溫泉
從明星岳·明神岳山麓湧出的溫泉

底倉溫泉
從溪谷河底湧出功效豐富的溫泉

明星岳

姥子溫泉
多變的火山地形

強羅溫泉
以5種泉質成為溫泉療養地
強羅

木賀溫泉
獻給江戶貴戶功效的名湯

堂島溫泉
深山與名僧有湯源

湯本溫泉
最具歷史的箱根的玄關的溫泉地
箱根湯本

纜車

雕刻之森

二之平溫泉
讓你肌膚細滑的美人溫泉

小涌谷

大平台

塔之澤

箱根山

小涌谷溫泉
從明治時期天皇出遊地發展而成

宮之下溫泉
帶領溫泉文化的高級避暑地

大平台溫泉
庶民溫泉水、姬之水的

塔之澤溫泉
老飯店林立、幽靜的溫泉地

蛸川溫泉
十七湯中最新的溫泉鄉

湯之花澤溫泉
位於最高處白濁的硫磺泉

駒岳

蘆之湯溫泉
文人喜愛的多樣五味泉質

二子山

箱根新道

車程5分

蘆之湖

蘆之湖溫泉
位於眺望蘆之湖畔的溫泉

能以平靜的心情
享受的箱根

美麗高聳的富士山、水面閃閃發光的蘆之湖、
一望無際的箱根連山⋯。
箱根不愧高級度假聖地之名，
處處皆是能洗滌身心的自然風景。

眾多的美術館也不容錯過。
藉由接觸和大自然融為一體的藝術品，
進行一趟提升自我的旅程。

體驗既現代又古典的富士屋飯店

箱根度假飯店的象徵性指標"富士屋飯店"。
這間具有傳統的飯店，至今仍是大家憧憬的地方。
只要踏入一步，眼前便是華麗的空間。

整個繞上一圈
60分

建議時段

本館大廳中，被磨成黃褐色、充滿歷史的裝潢和日常用品，美麗使人感動。在參觀西洋館和花御殿、日本庭園以及史料展示室後，可在休息區或餐廳中輕鬆享用茶及餐點。

本館

1 本館外觀具兼東洋和西洋風格
2 從客房的裝潢和用品可以感受到古典氣氛
3 充滿時尚氛圍的大廳
4 能眺望庭園的休息區「オーキッド」

充滿歷史和傳統色彩的古典老飯店

富士屋飯店 ‖宮之下‖ ふじやホテル

1878（明治11）年創業的富士屋飯店，深受皇室及許多名人的喜愛，也是度假飯店的創始。充滿異國風情的氛圍，吸引了許多海外重要人士造訪。建築被指定為國家的登錄有形文化財產，值得一看。象徵性指標的本館，被稱作「花之宮殿」的花御殿、以及壯麗的主餐廳，讓來訪的客人不管在何處都能盡情享樂。

☎0460-82-2211 ⌂箱根町宮ノ下359 ⏱IN15:00 OUT11:00 圃146
Ⓟ有 🚃宮之下站步行7分
¥1泊2食24300日圓〜 MAP40

記得索取飯店地圖

在本館櫃台可以索取記載推薦拍照景點的飯店地圖、以及解說歷史的小冊子。住宿者參加館內觀光的話，還能獲得紀念証書。

眾多國外名人住宿過

查理卓別林、海倫凱勒、約翰藍儂夫妻等，眾多著名人物都曾在富士屋飯店度過美好時光。

參加住宿賓客限定的館內觀光

每天16時舉行的館內觀光。邊聽導覽人員解說邊參觀充滿歷史的館內，即使是當天來回也能充分感受其魅力所在。

餐廳大樓

1 天花板畫非常壯觀的「メインダイニング ザ・フジヤ」[参P.76
2 餐廳 輕食「ウイステリア」

花御殿

1 千鳥破風的屋頂、仿造校倉造的牆壁等，洋溢日式風格的外觀
2 以花朵為名的客房中，從裝飾到用品等細節都可以發現花的蹤跡

ベーカリー＆スイーツ
ピコット

餐廳大樓
本館
花御殿
西洋館

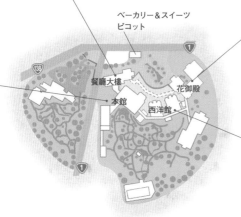

ベーカリー＆スイーツ ピコット

飯店自營的麵包甜品店。大排長龍很受歡迎[参P.92

西洋館

1 有鎧戶的直立式窗戶為其特徵，是明治時期的典型建築
2 高挑的天花板和柔和的照明，寬敞的高級雙床房

飯店腹地內有湧泉，不僅是溫泉浴室、連客房裡的個人浴室也都是溫泉。這樣的奢侈只有在歷史悠久的飯店才享受得到。

漫步在保有懷舊風情的宮之下

富士屋飯店所面對的街道被稱作「Sepia通」，
許多掛著歐洲文字招牌的骨董店並排林立。
在充滿異國風情的街道上悠閒地散步吧。

繞他線走一圈
60分

建議時段

從宮之下站朝著富士屋飯店，沿著Sepia通（國道1號）走一圈便能充分享樂。一間一間走進去看，一定能找到自己喜歡的東西。不過往來的車輛較多，穿越馬路時要特別留意。

3 大和屋商店 やまとやしょうてん
以古伊萬里為主的日本骨董一字排開

宮之下首屈一指的骨董商店。以1800年左右的古伊萬里為主，網羅了備前、九谷、薩摩等地的陶瓷器和茶具、漆器工藝品、浮世繪等。

鮮艷的上色相當漂亮，江戶後期的伊萬里燒盤子

骨董店 ☎0460-82-2102
⏶箱根町宮ノ下223 🕙10:00~17:30 ⊠無休 Ⓟ有
‖宮之下站步行5分
MAP 40

2 芝商店 しばしょうてん
浮世繪撲克牌很受歡迎

不只是浮世繪和骨董，也有相當多中國的陶瓷器。以倫敦貨為主的飾品也很受歡迎。

純粹雅致的「浮世繪撲克牌」2800日圓

骨董店 ☎0460-82-2120 ⏶箱根町宮ノ下223 🕙10:00~18:00
⊠週三 Ⓟ有 ‖宮之下站步行5分 **MAP** 40

1 ギャルリー蔵 ギャルリーくら
各種優美的西洋骨董

以1950~1960年代為中心的骨董飾品2500日圓~

1800年代的骨董杯盤、1900年代初期的Baccarat等，陳列著許多從拍賣會買來的稀有商品。特別推薦這裡的骨董飾品。

骨董店 ☎0460-87-0017 ⏶箱根町宮ノ下188 🕙10:00~18:00 ⊠不定休 Ⓟ無
‖宮之下站步行7分 **MAP** 40

P.29 樂遊書林自然館
大和屋商店
ギャルリー蔵
芝商店
宮ノ下
江戶商店
嶋寫真店
P.23・77 富士屋飯店別館菊華莊
川邉光榮堂
ベーカリー&スイーツ ピコット P.92
P.100
富士屋飯店 P.38
熊野神社
ラバッツァ P.78
渡辺ベーカリー P.92
メインダイニングルーム「ザ・フジヤ」P.76
豊島豆腐店 P.94
Sepia通
常泉寺
卓別林散歩道
神社下
箱根神社
強羅站

4 江戸商店 えどしょうてん

收藏江戶時期骨董的寶庫

瓦片屋簷和木頭招牌讓人感受到歷史的氛圍。以江戶的骨董為主，另外有浮世繪、很好用的古伊萬里餐具和漆器工藝、明治時代的九谷的杯子等。

骨董店 ☎0460-82-2725 ⬛箱根町宮ノ下363 ⏰11:00~18:00 ⬛週四(有臨時休息日) Ｐ有 ‼宮之下站步行5分 **MAP** 40

5 嶋写真店 しましゃしんてん

創業超過100年的老字號照相館

當初約翰藍濃造訪箱根時，負責拍攝全家福照片的老店。可以幫忙加工成褐色感覺的懷舊紀念照，正好成為旅途的美好回憶。

照相館 ☎0460-82-3329 ⬛箱根町宮ノ下372 ⏰10:00~19:00 ⬛不定休 Ｐ無 ‼宮之下站步行5分 **MAP** 40

店頭放有第一代老闆拍攝的明治~大正時代的箱根風景照片

人氣的NARAYA聖代480日圓。紅豆餡和霜淇淋極為對味

店的中庭設有足湯。可以邊泡湯邊享用茶和甜點

P.19 箱根吟遊

箱根離宮 Ｈ

宮之下觀光服務處

宮之下

東海道

溫泉 ①

步行2分 Sepia通

NARAYA CAFE Ｃ

宮之下站

WC Ｐ

淺間公園

箱根登山鐵路

→箱根湯本站

週邊圖 ◯P.125

Ｎ

6 NARAYA CAFE ナラヤカフェ

附設足湯的自然咖啡店

由結束營業的奈良屋飯店的員工宿舍改裝的咖啡店。在能看見建築梁柱的店內，可以品嘗到限定20客的今日湯全餐500日圓等。一邊泡著店門口的足湯一邊放鬆也很不賴。

咖啡店 ☎0460-82-1259 ⬛箱根町宮ノ下404-13 ⏰10:30~18:00(12~1月~17:00) ⬛週三、第4個週四(1月中旬~2月底為冬季休業，詳情請洽HP) Ｐ有 ‼宮之下站即到 **MAP** 41

宮之下的店家大多在週三或週四公休。要前往散步的話需要留意。

印象派、新藝術派、裝飾藝術…
前往仙石原的大人美術館

仙石原裡聚集了許多收藏以法國為中心的西洋近代繪畫、
19世紀後半的華麗珠寶首飾、玻璃工藝品等的美術館。
在箱根的清澈空氣下，看起來更加閃耀，相當不可思議。

1 配合國家公園的森林設計的特殊形狀建築物　**2** 雷諾瓦的「戴蕾絲帽的女孩」
3 莫內的「睡蓮池」　**4** 莫內的「盧昂大教堂」**5** 充滿自然光線的中庭大廳　**6** 喬治・秀拉的「潮退下的船」

自然光線灑落、森林深處的美術館

POLA美術館 ‖仙石原‖ ポーラびじゅつかん

展示POLA ORBIS集團的前總裁40年來的收藏品。以莫內和雷諾瓦等印象派作品為中心，加上畢卡索、黑田清輝等國內外著名畫家的名作。此外，曾獲得日本建築學會賞等多項大獎的建築物本身，也如同美術作品般令人印象深刻。

☎0460-84-2111 🏠箱根町仙石原小塚山1285 🕐9:00～17:00 🈴無休（展覽更換期間休館）🈹1800日圓 🅿有 ‼巴士站POLA美術館即到 MAP 124 C-2

🐦 在咖啡店休息一下 🐦

カフェ チューン

自然光線由玻璃牆面灑落，以白色為基色的清爽空間。挑高的天花板使空間充滿開闊感。

珠寶首飾、玻璃工藝巨匠Rene Lalique
活躍於新藝術派和裝飾藝術時代。在20～40代製作美麗的珠寶，50代後則製作玻璃藝品。

1 露天座位面對廣闊鮮綠草地的咖啡餐廳「LYS」 ☞P.48
2 胸針「仙女」
3 曾行駛在歐洲的東方快車
4 **5** 以日本最多的珠寶飾品為傲的常設展 **6** 固定展出髮飾「長髮女人」
7 香水瓶「シダ」

華麗的裝飾藝術，讓人忘了時間的存在

箱根Lalique美術館 ‖ 仙石原 ‖ はこねラリックびじゅつかん

收藏約1500件法國珠寶飾品和玻璃工藝巨匠Rene Lalique作品的美術館。獨創的優美香水瓶等玻璃作品，以及胸針、髮飾等珠寶飾品，每件作品都讓女性深深著迷。館內保留小河和森林等箱根自然環境，也很適合單純散步。

☎0460-84-2255 ⌂箱根町仙石原186-1 ⏰9:00～17:00 休無休 ¥1500日圓
Ｐ有 ‼巴士站仙石原案内所前即到 MAP 124 B-1

在咖啡店休息一下

**オリエント急行
ル・トラン**

在Lalique親手打造室內裝潢的車廂內，享受豪華晚餐（當天預約2100日圓）。

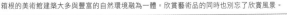

箱根的美術館建築大多與豐富的自然環境融為一體。欣賞藝術品的同時也別忘了欣賞風景。

一邊散步一邊鑑賞藝術
造訪一下開闊空間中的藝術吧

室外展出的美術館，能一邊聊天、以郊遊的心情和藝術接觸。
館內的各個地方都自成一幅畫。
悠閒漫步，沉浸在藝術&幻想的世界中吧。

1 陳列著妮基‧桑法勒等人的戶外雕刻 2 不銹銅塔「幸福交響曲雕刻」 3 「畢卡索館」中依序展出300多件作品 4 小朋友限定的雕刻遊樂區「網之森林」

5 園內也有溫泉足湯，走累了可以在此休息 6 埃米爾‧安托萬‧布德爾的拉弓的赫拉克勒斯

被大自然包圍的戶外美術館

彫刻之森美術館 ∥強羅∥ちょうこくのもりびじゅつかん

在廣大的腹地中鑑賞藝術，是日本第一間戶外美術館。室內外各處展示著代表近代、現代美術的世界級巨匠的名作，在箱根的大自然中輕鬆地感受藝術。午餐可在草地上享用「香檳‧法式料理‧野餐籃」5690日圓（約2人份）。

☎0460-82-1161 🏠箱根町二ノ平1121 🕘9:00～17:00 ㊡無休
💰1600日圓 🅿有 🚶彫刻之森站即到 🗺125 E-4

在咖啡店休息一下

ギャラリーカフェ

可以看到大型玻璃窗外室外展示場的咖啡廳。可以吃到甜點和三明治等；另附設美術館商店。

1 通道上開滿了四季花朵的寬廣庭園 2 重現有廣大法式庭園的聖莫里斯德雷芒芒城 3 展示廳中可以體驗到充滿幻想的「小王子」的世界 4 彩繪玻璃刻上各個角色的「聖修伯里教堂」 5 園內有各種可愛的擺飾 6 小王子銅像迎賓的「B612廣場」

在法國風格庭園內的名作世界

小王子博物館 箱根 聖修伯里 ┃仙石原┃ほしのおうじさまミュージアムはこねサンテグジュペリ

以「小王子」的作者聖修伯里生活的法國街道和風景為概念所建造的博物館。重現了當時的街道名稱和櫥窗風景，處處可見其用心。以4種花朵為主題構成的歐式庭園，四季花朵盛開，融入故事的世界裡。

☎0460-86-3700 ⌂箱根町仙石原909 ⏰9:00～17:00 困無休 ¥1500日圓 P有 ‼巴士站川向‧小王子博物館即到 MAP 124 B-2

在咖啡店休息一下

ル・サンジェルマン・デ・プレ

打造成像是法國街上一般的咖啡廳。就在時鐘的店內，讓自己的腳好好歇息（有季節性停業）

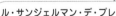

小王子博物館的庭園，是由知名的庭園設計師吉谷桂子所設計的。

不疾不徐地享樂
漫遊箱根的小美術館

箱根有許多規模雖小卻值得一看的美術館。
發現自己喜愛的美術館並多次造訪，也是很棒的享樂方式。
附設的咖啡店、遠眺的風景、商店等也不容錯過。

沉浸在威尼斯玻璃的光芒中

箱根玻璃之森美術館 ∥仙石原∥はこねガラスのもりびじゅつかん

展示從15世紀到19世紀風靡歐洲貴族的威尼斯玻璃，以及20世紀代表性創作家的現代玻璃作品。中庭和水池的景色也很美。

☎0460-86-3111 ⛩箱根町仙石原940-48 🕘9:00～17:00 ㊡無休 ¥1300日圓 ℗有 🍴巴士站俵石・箱根玻璃之森前即到 MAP124 B-2

推薦烤得鬆軟的海綿蛋糕950日圓

1仿貴族豪邸建造的「威尼斯玻璃美術館」 2展示現代玻璃創作家的作品 3庭園裡有閃耀水晶玻璃光芒的走廊

精緻的瓷器美麗奪目

箱根麥森骨董博物館 ∥強羅∥はこねマイセンアンティークびじゅつかん

有悠久歷史的洋館和庭園，充滿雅趣的美術館。館內展示許多受歐洲貴族喜愛的麥森瓷器。充分感受跨越時代的名作吧。

☎0460-83-8855 ⛩箱根町強羅1320-653 🕘9:00～17:00 ㊡無休 ¥1600日圓 ℗有 🍴強羅站步行12分 MAP125 D-3

麥森瓷器
海浪 杯盤
10500日圓

1麥森的代表創作家海因茲・威爾納的房間 21830年製作的水晶吊燈 3在庭園中可享用茶和甜點

「觀光景點周遊巴士」大活躍

箱根登山巴士中，有巡迴強羅、仙石原的主要觀光景點的巴士 P.15。漫遊美術館相當便利。

讓心平靜的日本畫和蘆之湖遠景

箱根・蘆之湖 成川美術館 ‖元箱根‖はこねあしのこなるかわびじゅつかん

收藏了平山郁夫、山本丘人、加山又造等日本畫家的作品約4000件。從可遠望蘆之湖的大展望廳，可以看到不輸給名作的絕色美景。

☎0460-83-6828 ⌂箱根町元箱根570 ⌚9:00～17:00 ㊡無休 ¥1200日圓 ℗有 ‼巴士站元箱根港即到 MAP 127 F-2

布製書套各
1050日圓

❶加山又造的「貓」 ❷位在能看見富士山和蘆之湖的地點 ❸展出包括巨匠到新人的作品，每年替換4次展出內容

沉浸在水潤的水彩畫世界

玉村豐男生活藝術美術館 ‖元箱根‖たまむらとよおライフアートミュージアム

展出及販賣以散文作家、畫家等多重身分活躍的玉村豐男作品。除販賣自家商品的店鋪外，也附設書店和義大利餐廳。

☎0460-83-1071 ⌂箱根町元箱根61（芦ノ湖テラス内）⌚9:00～17:00 ㊡無休（2月和9月有臨時休館）¥免費 ℗有 ‼巴士站元箱根即到 MAP 127 F-2

繪有花朵和巴黎風景的明信片150日圓（1張）。讓人想全部蒐集

❶玉村豐男作品「紅花鐵線蓮」 ❷建於蘆之湖湖畔的博物館 ❸道地的拿坡里披薩大受歡迎

箱根町觀光協會營運的「箱根全山手機版（http://0460.jp/）」中，有許多只要出示手機畫面便能在館內折價的優惠。

享樂／箱根的小美術館

在博物館餐廳
享受無比幸福的午餐時光

箱根的美術館另一個令人期待的地方，便是景觀優美的餐廳。
在眼前是翠綠的草地和壯麗的蘆之湖美景下享受風味絕佳的午餐，
可說是以五感來感受的藝術之集大成。

❶午餐套餐加300日圓附飲料 ❷❸隨季節變換的甜點師傅特製甜點色彩繽紛美麗。食材部分多使用當地的產品

❶午餐全餐的主菜是由沼津港直接送來的鮮魚料理。還有起士煎朝霧優格豬和香草麵包粉煎土雞可以選擇
❷❸從桌子到陽台、桌巾等都以白色統一

面向庭園的實力派餐廳

●箱根Lalique美術館
CAFE RESTAURANT LYS ‖仙石原‖ カフェレストランリス

以「大自然的恩惠」為主題，大量使用小田原、足柄等地的新鮮食材，提供隨性的法國料理。天氣好的時候，推薦坐在面對草地的陽台座位。

法國料理 ☎0460-84-2255 ⟨⟩
箱根町仙石原186-1 ⟨⟩9:00～17:00 ㊡無休 Ｐ有 ‼巴士站仙石案內所前前到 ⅯⅯⅯ124 B-1

menu
午餐套餐 1900日圓
今日推薦肉類料理 1900日圓～
各種甜點 800日圓～
有機栽培咖啡 600日圓～
葡萄酒每杯 800日圓～

配合企劃展覽創作的限定菜色

●POLA美術館
レストラン アレイ ‖仙石原‖

可眺望綠意盎然的小塚山的餐廳。畫家相關的地方及名畫中的風景等，以各個時期的企劃展覽為靈感的全餐相當受歡迎。輕食類的咖啡廳菜色也相當多樣。

歐風料理 ☎0460-84-2111 ⟨⟩箱根町仙石原小塚山1285 ⟨⟩11:00～16:00 ㊡無休 Ｐ有 ‼巴士站POLA美術館即到 ⅯⅯⅯ124 C-2

menu
午餐全餐 2310日圓
企劃展覽菜色 2730日圓
博物館特製海鮮咖哩 1470日圓
燉牛肉 1785日圓
拿鐵咖啡 683日圓
卡布奇諾 683日圓

品嘗 "嚴選食材"

沼津和小田原的魚類、三島的蔬菜等，每家餐廳都有主廚精心挑選的極品食材。和美術館一樣講究素材。

1熱騰騰的比薩共有30種口味 **2**鮪魚番茄義大利麵1300日圓 **3**天氣晴朗時露台座非常舒適

1季節全餐2500日圓。前菜、主菜、甜點都可自由選擇的超值全餐（圖為一例） **2**內裝很可愛，感受得到故事的世界

在蘆之湖畔的比薩專賣店品嘗道地美味

●玉村豐男生活藝術美術館
ラ・テラッツァ芦ノ湖 ‖元箱根‖

和蘆之湖的雄偉景觀極為協調的披薩店。由義大利製的烤爐烤出的拿坡里披薩，味道道地博得不錯的評價。另提供只選用箱根西麓蔬菜等當地食材的菜色。

義式料理 ☎0460-83-1074 ⌂箱根町元箱根61 ⏰8:00～19:30（～11:00為早餐）困無休（2月與9月有臨時店休） Ｐ有 ♨巴士站元箱根即到 MAP 127 F-2

menu
Margherita 1600日圓
Capricciosa 1900日圓
番茄醬 1300日圓
阿法奇朵 500日圓
義大利冰淇淋 500日圓

充分享受隨性的法國料理

●小王子博物館 箱根 聖修伯里
レストラン ル・プチ・プランス ‖仙石原‖

充滿孕育聖修伯里的普羅旺斯風情的餐廳。除料理外，隨著季節變化的特別甜點十分值得一嘗。

法國料理 ☎0460-86-3707 ⌂箱根町仙石原909 ⏰10:00～17:00 困無休 Ｐ有 ♨巴士站川向・小王子博物館即到 MAP 124 B-2

menu
季節全餐 2500日圓
今日義大利麵 1300日圓

這裡所介紹的4家餐廳，都不需支付博物館入場費即可利用。

A

充滿懷舊感的書套

C

以繪畫為主題的馬克杯

D

附相框的收藏盒

E

B

「戴蕾絲帽的女孩」Q比娃娃

箱根藝術漫遊的回憶

精選
博物館
紀念品

海外的巨匠和人氣藝術家所創作出的名作變成紀念品，成為生活中的一部分。將被藝術感動的餘韻永遠保留在心中。

F

箱根Lalique美術館
自製擦手巾　三隻燕子

A以故事的場景為主題，描繪小王子的故鄉B612行星。4410日圓①　**B**POLA美術館限定當地Q比娃娃。580日圓②　**C**以雷諾瓦和莫內的畫作為主題的馬克杯。各1400日圓②　**D**印有美術館的代表作品。各300日圓③　**E**上面是相框，下面則是小盒子。共有3種2940日圓①　**F**大膽又風雅的設計共有4個顏色。各900日圓③　**G**擁有一個現代麥森瓷器。29400日圓④　**H**繪有蔬菜圖案的馬克杯。各1400日圓④　**I**擦手巾專賣店「かまわぬ」製作的彫刻之森美術館限定擦手巾。各1050～2575日圓⑤　**J**各種南法尼斯陶器。7800日圓～⑥

D

箱根Lalique美術館自製檔案夾

G

麥森製Blue Onion咖啡杯盤

番茄和碗豆圖樣的馬克杯

J

南法尼斯的陶器

印有畢卡索畫作的馬克杯

H

M

K 以「戴蕾絲帽的女孩」為靈感的特調。各650日圓②
L 以堀文子的受歡迎作品為靈感。各2100日圓⑦ M 超高人氣的畢卡索系列的馬克杯充滿張力。2100日圓⑤ N 4個種類的風味餅乾。包裝以莫內的「睡蓮」為圖樣。1780日圓②
O 設計美麗的信紙組。信紙700日圓、信封400日圓、套組1000日圓③ ①小王子博物館 箱根聖修伯里 ②POLA美術館 ③箱根Lalique美術館 ④玉村豐男生活藝術美術館 ⑤彫刻之森美術館 ⑥箱根麥森骨董博物館 ⑦箱根・蘆之湖 成川美術館

POLA美術館自製花草茶

K

以名畫為包裝的睡蓮餅乾

N

「かまわぬ」製擦手巾

I

L

以日本畫為靈感的手帕

O

箱根Lalique美術館
信紙組

來自大自然的禮物
感受箱根的四季吧

春夏秋冬，不論任何季節都有其韻味的箱根。
至少要看一次的仙石原的蒲葦平原、蓬萊園的櫻花和杜鵑花等，
一年當中有看也看不完的風景。

春

1 宮城野早川堤的櫻花
‖宮城野‖みやぎののはやかわつつみ

沿著早川約600m有150顆盛開的櫻
花樹。國道沿路也有枝垂櫻。4月上
旬～中旬☎0460-85-5700(箱根町
綜合觀光詢問處) MAP 125 D-3

2 蓬萊園的櫻花
‖小涌谷‖ほうらいえん

蓬萊園裡有樹齡近100年的染井吉野
櫻，花朵大大地綻放著。在園內慢
慢走約20分鐘左右。4月上旬～中旬
MAP 125 E-4

3 蓬萊園的杜鵑花
‖小涌谷‖ほうらいえん

三河屋飯店的大庭園裡栽種約40
種、3萬棵以上的杜鵑花。可自由參
觀。4月下旬～5月中旬
☎0460-82-2231(三河屋飯店)
MAP 125 E-4

4 小田急 山のホテル的杜鵑花
‖元箱根‖おだきゅうやまのホテル

飯店的庭園像是鋪上了花地毯般，紅
色、白色、粉紅色的杜鵑花繽紛盛開
著。5月上旬～中旬，開花中800日
圓☎0460-83-6321 MAP 126 B-2

冬季的富士山也很特別

在降雨量少、晴天機率高的冬季，從蘆之湖可清楚眺望富士山。沒有風的時候，還能在湖面上看見富士山的倒影。

夏

1 箱根登山鐵路沿線的繡球花
‖箱根湯本～強羅‖ はこねとざんてつどうえんせん

從電車可以看見幾開開滿整個沿線的繡球花。6月中旬～7月下旬
☎0465-32-6823（箱根登山鐵路鐵路部門）MAP 125 F-4

2 小王子博物館 箱根 聖修伯里
‖仙石原‖ ほしのおうじさまミュージアムはこねサンテグジュペリ

只栽種紅色系的玫瑰花園，象徵著「王子的玫瑰」。夏季的玫瑰在6月盛開。￥1500日圓
☎0460-86-3700 ✉P.45

3 4 箱根濕生花園的各種花朵
‖仙石原‖ はこねしっせいかえん

生長著約1700種的沼澤、高山植物等。夏季時野百合會開花。7～9月
￥700日圓
☎0460-84-7293 MAP 124 B-2

1 仙石原的蒲葦
‖仙石原‖ せんごくはら

在台之岳的山腳下有如金黃色的地毯般一望無際的蒲葦平原。整個10月
☎0460-85-5700（箱根町綜合觀光詢問處）MAP 124 B-2

2 箱根美術館的楓葉
‖強羅‖ はこねびじゅつかん

庭園地面上的青苔和200顆伊呂波楓、山楓互相輝映，景色絕佳。11月是最佳觀賞時間 ￥900日圓
☎0460-82-2623 MAP 125 D-3

秋

箱根的染井吉野櫻3月下旬在箱根湯本開花、4月上旬在宮之下‧強羅、持續到4月中旬的仙石原。

欣賞繡球花的頭等座位
就在登山鐵路

從6月中旬開始在箱根各處盛開的繡球花。
只要搭乘箱根登山鐵路的"繡球花電車"，
就能欣賞到車窗外流逝而過、沿線約1萬棵美麗的繡球花。

❶能從月台觀賞繡球花的宮之下車站 ❷在出山信號場停車。遠處的下方可以看見在塔之澤車站和大平台車站之間的出山的鐵橋 ❸開往強羅車站的繡球花電車。小田原～強羅之間約60分鐘（在箱根湯本換車）。夜晚的繡球花電車，夢幻的氛圍也很棒

從車窗欣賞嬌豔欲滴的繡球花

繡球花電車 ‖箱根湯本～強羅‖ あじさいでんしゃ

6月中旬至7月中旬，能從電車中欣賞到繡球花的箱根登山電車有「繡球花電車」的別名。因是普通電車，全車皆為自由座。6月中旬～7月中旬的夜晚，繡球花的景點會有燈光照明，即使是當天來回，也建議配合時間搭乘看看。

☎0465-32-6823（箱根登山鐵路·鐵道部）⏰箱根湯本～強羅約40分，1個小時的運行班次／白天4班、晚上2～3班 困無休 ¥箱根湯本～強羅390日圓 MAP 55、125 F-4
※2014年全車指定座位的特別列車「夜晚的繡球花號」的運行詳細情況未定。

登山電車的折返也不容錯過

所謂的折返，是指電車一邊變換行進方向一邊以Z字型爬坡的方法。行駛於陡峭斜面時必須使用這個方法。

繡球花季時間表

開花時期依氣候變化可能會有所不同

7月上旬～7月下旬
 強羅站

箱根登山電纜車

6月下旬～7月中旬
彫刻之森站

6月下旬～7月上旬
宮之下站

「夜晚的繡球花號」紀念照拍攝處

6月下旬～7月中旬
小涌谷站

6月下旬～7月上旬
大平台站

繡球花小徑

6月下旬～7月中旬

上大平台信號場

出山鐵橋

阿彌陀寺 卍

塔之澤站

6月中旬～6月下旬
箱根湯本站

出山信號場

往小田原

※2013年實況

繡球花攝影景點
繡球花小徑

‖大平台‖あじさいのこみち

從大平台車站步行約5分鐘、住宅街道中的小徑。在大平台隧道前的斜坡和大平台平交道可以拍攝到繡球花和電車。6月下旬～7月上旬是最佳觀賞時機。因為是住宅區，攝影時請別忘了顧慮到附近的居民。

在全車指定座位的特別列車欣賞夢幻的燈光世界
夜晚的繡球花號

‖箱根湯本～強羅‖よるのあじさいごう

☎0465-32-8787（夜晚的繡球花號預約中心・預約從6月～）※2014年的運行詳細情況未定

季節限定1天4班的特別列車（預約制）。在有燈光的區間會特別減速行駛、停車，能慢慢地欣賞繡球花。在塔之澤車站、宮之下車站會有幾分鐘的休息時間，可以下車到月台上拍紀念照。（2013年實況）

繡球花盛開、與皇女和宮有因緣的寺廟
阿彌陀寺

‖塔之澤‖あみだじ

供奉著生於幕府末期的皇女・和宮的牌位，充滿歷史淵源的寺廟。在參道的兩側，約有3000顆紫色、藍色、白色的無暇繡球花盛開著。6月中旬～7月上旬是最佳觀賞時機。也有琵琶演奏（附抹茶、5人～、1人1000日圓）。

☎0460-85-5193 ⌂箱根町塔之沢24 ⏰9:00～15:00（依季節而有所變動）¥參拜免費 ℗有 ⚑塔之澤站步行20分 MAP 122 B-3

打上燈光的繡球花充滿幻想的氛圍

箱根湯本～強羅間標高居然差了445m。開花的時期隨標高不同，從6月中旬到7月中旬都有繡球花盛開。

除了絕色美景、還是絕色美景…
搭乘空中纜車散步在箱根的天空中

綠意盎然的初夏、楓紅似火的秋天、遍地雪景的冬季…
搭乘箱根空中纜車，全年都能欣賞到箱根的自然美景。
壯觀的全景在眼前展開，帶來大大的感動。

全面玻璃的
壯麗車廂

最多可乘坐18人的寬廣車廂，坐起來十分舒服。四面都是玻璃，視野良好。

大全景流過眼底，暢快的箱根空中之旅

箱根空中纜車 ‖桃源台・姥子・大涌谷・早雲山‖

可以欣賞箱根山和蘆之湖、遠方雄偉的富士山和相模灣一年四季的美麗景觀。從早雲山站到蘆之湖湖畔的桃源台站，共經過4個車站，單程約30分鐘。在大涌谷附近還可以俯瞰底下的噴煙地。

☎0460-82-3052(早雲山站) ⏰8:45~17:15(根據時期變動)
㊡天候不佳時停駛 ¥早雲山~桃源台(單程)1330日圓※可中途下車
Ⓟ有 ♨往早雲山站位於箱根登山電纜車早雲山站即到 [MAP]124 C-4

❶從早雲山站附近可以一覽強羅的街道和箱根外輪山。特別是早雲山站~大涌谷站間的楓葉非常漂亮
❷❸紅、白、藍的車廂，以約1分鐘的間隔發出

在工作人員的微笑歡送下出發。48個車廂，行駛間隔約1分鐘

上下車處為無障礙空間，搭乘輪椅也OK。增設了座位，乘車途中也很輕鬆。

往天空攀升的旅行讓人相當興奮。其速度之快也讓人吃驚。

抵達桃源台站。也能輕鬆前往海賊船、巴士的搭乘處。

絕色美景的景點在大涌谷

標高1044m的大涌谷附近。眼底有噴煙地、遠方可見富士山和東京天空樹，360度都是絕佳景色。

海賊船的轉乘站

位於標高741m的桃源台站。也有能欣賞往來於蘆之湖的海賊船的景觀餐廳

在大涌谷站轉乘

在這裡轉換車廂。可以看到噴煙和富士山的絕色美景。天氣好的時候，還可以看到熱門的東京天空樹

富士山

おおわくだに
大涌谷站
標高1.044m

うばこ
姥子站
標高878m

距離
1,265m

約8分

距離
1,472m

約8分

そううんざん
早雲山站
標高757m

とうげんだい
桃園台站
標高741m

距離
1,268m

約8分

轉乘

蘆之湖

與海賊船乘船處直接相連的桃源台站。搭乘海賊船，從桃源台到箱根町、元箱根約30～40分鐘可抵達

おおくだにうばこ しぜんたんしょうほどう
大涌谷姥子自然探勝步道

從姥子站到大涌谷站，約1km的散步步道。穿越椚木、山毛櫸、水猶櫟木等樹林的緩坡道，非常適合散步

也能一覽大文字燒

位於標高757m處的早雲山站。除了明星岳的大文字燒和強羅的街道，在晴天時還能清楚地看到相模灣

轉乘電纜車的車站

強羅站和早雲山站之間由箱根登山電纜車連結

2009年度的付費乘客達到206萬人，更新了自身所創下的「世界上最多人搭乘的纜車」金氏世界紀錄。

乘船或兜風欣賞
蘆之湖的絕色美景

富士山聳立於背後的蘆之湖，是代表箱根的名勝。
除了箱根海賊船，各種湖上活動也很盛行。
以乘船或兜風的方式來享受這絕色美景吧。

整個繞上一圈
120分
建議時段

觀光船大致可分為2個種類。有小田急集團的箱根海賊船，以及伊豆箱根（西武）體系的蘆之湖遊覽船。出發地和可以使用的折價券等都有細分，要靈活地分別使用。

Cruising

富士山

自行車出租
桃源台港
箱根空中纜車
湖尻
九頭龍神社
三國嶺展望台
進入湖Sky Line
駒之岳空中纜車
箱根園
箱根神社
元箱根
箱根・蘆之湖 成川美術館
元箱根港
杉木行道樹
箱根關所遺址
箱根町港
自行車出租

🚢新型海賊船RoyalⅡ是以法國戰艦皇家路易號為藍本打造。紅色船身在湖上極為顯眼
🚢勝利號的船內，內裝寬敞而豪華

多彩多姿絢爛豪華的海賊船

箱根海賊船 はこねかいぞくせん

蘆之湖特別引人注目的，就是有著豪華裝飾的海賊船。共有2013年3月啟航的新型海賊船RoyalⅡ、英國戰艦模樣的勝利號，以及蔚藍船身

極美的瓦薩王號等3種，設計的概念都是大航海時代的帆船。

☎0460-83-7722（箱根觀光船）
⏰9:30～17:00（根據季節、港口不同）困天候不佳時停止營運
‼桃源台港搭乘處位在箱根纜車桃源站即到
MAP 127 E-4

湖面高度　725m
周圍　　　20km
最深水深　44m

海賊船
雙胴船

箱根町港	〈單程‧普通〉	
350日圓 10分	元箱根港	
970日圓 30～40分	970日圓 30分	桃源台港

海賊船・纜車一日券 ☜P.14

可在海賊船和箱根纜車的所有區間自由搭乘。
一般要花上4120日圓的地方,只要2500日圓即
可利用。還附有各種入場優惠券,十分超值。

在展望甲板上以肌膚來感受清爽的風

蘆之湖遊覽船 雙胴船 あしのこゆうらんせんそうどうせん

可載700人的大型雙胴船。
擁有優異的穩定性和2艘船
體大的空間,可享受舒適的
遊船。包括展望甲板有36個
觀賞座位的「十國丸號」
等,共有3艘船航行。

☎0460-83-6351(伊豆箱根鐵路)
🕘9:00～16:30
🈺天候不佳時停止營運 ‼元箱
根搭乘處在巴士站元箱根即到
MAP 127 F-2

Cruising

有著可透視船橋的「蘆之湖
丸號」。共停靠4個港口,是
非常方便的蘆之湖觀光交通
方式

〈單程・2等〉

箱根關所遺跡			
250日圓 10分	元箱根		
730日圓 25分	730日圓 15分	箱根園	
970日圓 40分	970日圓 30分	730日圓 15分	湖尻

也有用手划的天鵝船

☎0460-84-8984(蘆之湖漁業中心Oba) 💴手划
船30分鐘700日圓、腳踏船30分鐘1500日圓

在大船的出發停靠點附近,有很多小船的搭乘處。有
2人乘坐的手划式和腳踏式天鵝船,適合想要享受悠
閒時光的情侶或朋友們。

也別錯過這裡

Driving

蘆之湖Sky Line 最棒的展望台

三國峠展望台 みくにとうげてんぼうだい

蘆之湖Sky Line中視野最好的展望台。天氣
好的時候,可以看到富士山的山坡、伊豆
半島,一直到
駿河灣為止。

☎0460-83-6361(芦ノ湖スカイライン
管理事務所) MAP 120 B-3

壯麗自然中的兜風路線

蘆之湖Sky Line あしのこスカイライン

能一邊兜風一邊欣賞富士山和四
季景色的路線,也經常出現在雜
誌或電視連續劇的場景。可俯瞰
整個蘆之湖。

☎0460-83-6361(蘆之湖Sky Line
管理事務所) 🕘7:00～19:00 💴普
通車輛一般區間600日圓、特別區間
100日圓 MAP 120 B-4

約4000發的煙火和超過1000盞的燈籠點亮蘆之湖。7月31日的「湖水祭」總吸引大批人潮。

每月13日戀愛運UP
在箱根神社和九頭龍神社祈求好姻緣♪

說到箱根近來受矚目的能量景點，便是箱根神社和九頭龍神社。
每月13日舉行的九頭龍神社本宮的月次祭，聚集了以女性為主、
來自全國各地想要祈求好姻緣的人們。

桃源台

湖尻
終點站

月次祭從10時開始，
約1小時結束。
其後各自進行參拜

● 九頭龍神社本宮
● 弁財天社

9時30分出航的參拜船，
約20分鐘左右抵達樹木園棧橋。
沿著湖畔走10分鐘左右抵達本宮

樹木園棧橋

● 白龍神社

開

箱根園

箱根神社
九頭龍神社新宮

蘆之湖

去程　開

回程

START
蘆之湖遊覽船
元箱根港搭乘處

只有每月13日出航，
從7時30分起在
元箱根港遊覽船受理報名

■ 箱根園所通過地港

※ 根據天候和參拜人數，會減少或加開班次
※ 參拜者眾多時，會有提早時間的加開班次

小小的境內到處都是人潮。13日剛
好是週六、日的話，會湧進1000人
以上。參拜完九頭龍神社本宮、弁
財天社、白龍神社後，乘船往箱根
神社進行兩社參拜

購買御守要有排隊的心理準備
弁財天社月次祭結束後，會開始販賣御守。大排長龍讓人大吃一驚…不過請放心，箱根神社也有販售相同的護身符。各800日圓。

參加九頭龍神社本宮的月次祭

7:30

受理參拜(祈禱)・元箱根港遊覽船搭乘處
以1000日圓購買乘船券，要申請祈禱的人，要交申請書和給龍神的供品「御供」，索取參拜証、神符、和參拜後的供品兌換券。

9:30

開始登船
在蘆之湖航行約20分鐘後抵達棧橋。走在樹木林立的參道中，約10分鐘左右抵達本宮。依參列、參拜的順序進行參拜。

10:00

月次祭
月次祭即將開始。在莊嚴的氣氛中，持續奉上祝詞，並唸出參拜者的姓名和心願進行祈願。結束後各自進行參拜。

11:30

白龍神社參拜
在參道途中的白龍神社進行參拜。之後搭乘回程的船前往箱根神社。

11:00

弁財天社月次祭
接著是弁財天社的月次祭。旁邊有洗手處，在祭典前先淨化一下身心吧。

10:50

湖水祭典
在弁財天社旁的石階，當住持的湖水祭典結束後，各自將「御供」奉上進行參拜。按照袋子上寫的參拜方法進行就OK。

11:55

箱根神社參拜
欣賞著蘆之湖的美景，前往箱根神社。參拜後，以兌換券換取御神符、神籤水。箱根神社本殿右方的九頭龍神社新宮也記得參拜。期待著好姻緣的到來，踏上歸途。

也可順路前往新宮參拜
從到港的元箱根港步行10分鐘的箱根神社境內，有九頭龍神社的新宮。具有淨化效果的神龍水因效果靈驗，有時會出現取水的隊伍。而本社箱根神社，是供奉守護夫婦和小孩的神明，同時也有結緣效果的神社。箱根神社和九頭龍神社的兩社參拜是最佳的方式。

■九頭龍神社(本宮) ☎0460-83-7123(箱根神社) 🏠箱根町元箱根(箱根九頭龍境內)
🕐境內自由 🚶13日以外步行或搭乘小船，從箱根園步行約30分 MAP 126 A-1 ■元箱根港
遊覽船搭乘處 ☎0460-83-6351(伊豆箱根鐵路 箱根船舶營業所) 🏠箱根町元箱根45-3

祈禱費用以2000日圓以上為準，個人自由奉獻。唸出寫在信封上的心願和姓名進行祈願。不參加祈禱只進行參拜也OK。

在白煙冉冉升起的大涌谷感受大地的能量

大涌谷是約3000年前的箱根火山爆發後形成的火山口。
今日從岩層表面仍不斷大量冒出水蒸氣和硫化氫，
使周遭充滿了刺鼻的硫磺氣味。

整個繞上一圈
40分

建議時段

搭乘空中纜車抵達大涌谷後，穿過停車場便是自然研究路的入口。走上到處冒出水蒸氣的散步道路，在玉子茶屋大口吃剛煮熟的黑蛋吧。

白煙升起，代表箱根的景點

大涌谷 おおわくだに

大涌谷過去曾被稱為「地獄谷」。充滿著硫磺氣味、巨大岩石散落的荒涼景象，宛如地獄一般。即便今日也仍然能感受滿滿的大地能量。這裡的湧泉也被仙石原和強羅等地方廣泛利用。

☎0460-85-5700（箱根町綜合觀光詢問處） 🏠箱根町仙石原 🕐自由參觀（散步道路8:30～17:00） 🅿有 🚌大涌谷站即到
MAP 124 C-4

放入浴槽中使用
檜木蛋型泡澡球
740日圓

1 搭乘箱根空中纜車前往大涌谷➡P.56。從車廂裡也能看到岩石地表和噴煙 2 4 從大涌谷停車場連接到噴煙地閻魔台，一周約670m的散步路線。路上立有介紹大涌谷的火山活動、箱根的形成的解說看板 3「玉子茶屋」販售剛煮好的黑蛋

以大涌谷特有的酸性熱泥煮成

玉子茶屋 たまごぢゃや

擠滿要購買黑蛋（5顆入）500日圓人潮的玉子茶屋。散步後可以去看看。

☎0460-84-9605（大涌谷觀光中心）⏰9:00～16:30 休無休 P無 ‼從大涌谷站步行10分 MAP 124 C-4

1 大家都站在店門口大口吃著黑蛋 2 外表全黑，但味道和平常的水煮蛋一樣 3 品嘗剛剛煮好的黑蛋

到閻魔台為止一周約670m的散步路線

大涌谷自然研究路 おおわくだにしぜんけんきゅうろ

可以眺望硫磺泉的噴煙升起模樣的散步道路。所需時間約40分鐘。

☎0460-85-5700（箱根町綜合觀問問處）⏰開門8:30～17:00 休無休 P有 ‼大涌谷站即到 MAP 124 C-4

有些地方火山氣體濃度較高，禁止進入

在散步途中的伴手禮店，小小休息一下

極楽茶屋 ごくらくぢゃや

大涌谷自然研究路旁的伴手禮店。黑芝麻蛋饅頭550日圓等十分受歡迎。

☎0460-84-7015 ⏰9:00～17:00 休無休 P有 ‼大涌谷站即到 MAP 124 C-4

陳列眾多商品的店內附設食堂。還有黑蛋專賣窗口

網羅大涌谷名產中的稀有商品

大涌谷觀光中心 おおわくだにかんこうセンター

販售黑蛋和溫泉結晶500日圓等人氣商品。由於建築物的改建工程，目前暫時以組合屋在營業中。

☎0460-84-9605 ⏰8:30～17:00 休無休 P有 ‼大涌谷站即到 MAP 124 C-4

1 滿是箱根的人氣伴手禮 2 大涌谷限定・大涌谷黑蛋Kitty（M）2100日圓

黑蛋為什麼是黑色的？

蛋殼上的黑色，是溫泉池中的鐵質和硫化氫產生化學反應形成的硫化鐵。俗稱「吃一顆可以延長7年的壽命」。來到大涌谷一定要品嘗看看。

在閻魔台附近的玉子茶屋所製作的黑蛋。居然還有運送至商店的專用空中纜車。找找看它通過頭頂的景象吧。

畑宿一里塚～箱根關所
遇見箱根的原始風景

箱根舊街道被稱為「箱根八里」，是舊東海道最大的險處。
畑宿一里塚～箱根關所之間，是可享受森林浴的人氣散步行程。
讓思緒回到過去，享受深綠的山間風景。

整個繞上一圈
150分

12
9 ——15
17
建議時段

從畑宿一里塚沿著山路的石板路前進，登上猿滑坂便能抵達甘酒茶屋。再往前走到權現坂的話，就能看到蘆之湖。約7km的山路充滿上下坡，最好準備一雙好走的布鞋。

1 從元箱根一直延續到箱根嶺附近的舊街道杉木行道樹 MAP 127 F-3。據說種植在距今約400年前設有箱根宿的地點。現在約剩有400顆的杉木，能讓人回想起當時街道的模樣 2 沐浴在杉木香氣的街道上，到處設有舊街道的介紹板
3 舊街道處處殘留石板路。是江戶幕府為了讓當時為險處的箱根嶺比較好走而鋪設的

對女性嚴格檢查的箱根關所

為了取締「出女」而設置的女性專門官員「人見女」。據說是為了嚴防作為人質被留置於江戶的大名的妻子逃亡。

1 畑宿一里塚 はたじゅくいちりづか

左右一對隆起的土丘，由江戶算起剛好是第二十三里的一里塚。目前所看到的是平成10年時經過復元整修後的模樣。

☎0460-85-5700（箱根町綜合觀光詢問處）　🏠箱根町畑宿172
🍴巴士站畑宿即到　MAP 127 E-2

→約60分鐘→

2 猿滑坂 さるすべりざか

名字的由來是「連猴子都會跌倒的陡坡」。在有許多長滿青苔的石級坡道的舊街道中，這裡更是眾人皆知的險處。

☎0460-85-5700（箱根町綜合觀光詢問處）　🏠箱根町畑宿　🍴巴士站猿滑坂即到　MAP 127 D-3

→約30分鐘→

3 甘酒茶屋 あまざけちゃや

從江戶時代起相傳13代的茶屋。不使用砂糖和添加物的名產甜酒400日圓味道清爽。以杵臼搗成的力餅（2個）450日圓也很好吃。

☎0460-83-6418　🏠箱根町畑宿二子山395-28　🕖7:00～17:30　無休　P有
🍴巴士站甘酒茶屋即到　MAP 127 D-3

約30分鐘

啊，原來在這裡。

權現坂

是箱根宿的象徵、以及歌川廣重曾描繪過而廣為人知的場所。從杉林中一鼓作氣往蘆之湖的陡急下坡。

Kaempfer・Birnie紀念碑

將箱根的自然環境介紹給全世界的Kaempfer，以及明治時代提倡環境保護的Birnie。蘆之湖的附近有歌誦他們的紀念碑。

→約30分鐘→

4 箱根關所 はこねせきしょ

在全國50幾個地方設置的關所中，箱根關所是江戶時代四大關所之一。本處根據新發現的資料解開其全貌、並加以復元。忠實地重現140年前的模樣。

☎0460-83-6635　🏠箱根町箱根1
🕘9:00～16:30（12～2月～16:00）
無休　¥500日圓　P無
🍴巴士站箱根關所遺址即到
MAP 127 E-4

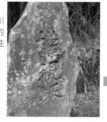

1能監視旅人的京口御門　2為了正確重現當時的樣貌，人物是沒上色的素色雕像　3栓馬的馬廄

箱根關所沒有停車場，但可以利用旁邊恩賜箱根公園的停車場（需付費）。

應有盡有的主題公園
光在這裡就能悠閒地度過美好時光

從水族館到購物中心，從庭園到手工藝教室。
是個光在這裡就能度過充實時光的景點。
何不享受悠閒卻又充實的箱根一日遊呢？

◎ 箱根園水族館 はこねえんすいぞくかん

箱根之森的水族館是由海水館、淡水館，以及貝加爾海豹廣場所構成。海水館是露天的大水槽，位在日本標高第一高的地方。國內只有這裡能欣賞到貝加爾海豹秀。

🕘9:00～17:00（根據時期變動）
¥1300日圓

◎ 箱根園購物中心
はこねえんショッピングプラザ

主要樓層網羅了水族館人氣偶像貝加爾海豹的商品等箱根園的自創商品。適合做為伴手禮的當地酒類和點心、乾貨等名產則在隔壁的別館。

🕘9:00～17:00（根據時期變動）
¥貝加爾海豹Q比娃娃630日圓、貝加爾海豹エンちゃん玩偶1260日圓

豐富的各種休閒設施

箱根園 はこねえん

是除了水族館和遊覽船、塗鴉體驗區之外，餐廳和購物中心等各種設施相當齊全的休閒場所。在冬季更有可玩雪的滑雪場。

☎0460-83-1151 🏠箱根町元箱根139 🕘9:00～17:00（根據時期變動） 🈺無休 ¥免費入園 P有 ‼巴士站箱根園步行3分
MAP 126 A-2

◎ 箱根王子飯店パン工房 プリンスカフェ
はこねプリンスパンこうぼう プリンスカフェ

販售約50種王子飯店特製現烤麵包的麵包店。附設的咖啡店有各式各樣的飲料和點心。想休息時可多加利用。

🕘9:00～16:30（根據時期變動） ¥富良野哈密瓜麵包190日圓等

也有空中纜車

箱根 駒之岳空中纜車

連結箱根園和駒岳山頂約7分鐘、全長1800公尺的空中纜車。從車廂裡可以看到蘆之湖和富士山，天氣晴朗時還能看見駿河灣以及伊豆半島。

☎0460-83-6473 🕘9:10～16:30（下山末班車16:50）
¥來回1050日圓 MAP 126 B-1
※班次間隔20分。所需時間約7分。

親手作的回憶在數日後送達

在箱根強羅公園裡的手工藝工坊製作的陶藝和吹玻璃作品，會在日後郵寄到指定的地址，敬請期待。

🅖 法式庭園
フランスしきせいけいていえん

左右對稱建造的法式庭園。中央的噴水池後方，聳立著開園當時由英國進口的杉木。欣賞噴水池的地方有咖啡店和熱食外帶區，提供白醬麵包850日圓和玫瑰霜淇淋350日圓等。

🅖 九重葛館 ブーゲンビレアかん

盛開著四季開花、色彩鮮艷的九重葛和木槿。當中最值得一看的，是國內樹齡最高的九重葛、以及直徑30cm左右的大株盆栽。館內處處是宛如南國一般的景色。一整年都能欣賞也是其魅力所在。

享樂／應有盡有的主題公園

🅖 白雲洞茶苑
はくうんどうちゃえん

被稱作繼利休之後最偉大的茶道家鈍翁・益田孝所創立的白雲洞，被稱作「田舍家之席」，是以前衛風格聞名的茶室。不僅可以參觀，還能實際品茶，休息時不妨來看看。

🕐10:00～16:00
🈷泡茶500日圓
（附抹茶、和菓子）

被四季的美麗花朵圍繞

箱根強羅公園 はこねごうらこうえん

櫻花、杜鵑花、繡球花等，四季開滿花朵的法式庭園。除了熱帶植物館和玫瑰花園之外，還有咖啡店和茶室、以及工藝體驗館等，能以多種方式享樂。

☎0460-82-2825 🏠箱根町強羅1300 🕐9:00～17:00
🈺無休 🈷500日圓 🅿有 ‼強羅站步行5分 MAP 125 D-3

可以體驗手工藝

工藝體驗館 箱根手工藝工坊

可以體驗陶藝、吹玻璃、噴砂、乾燥花等4種手工藝。也有販賣自家商品的商店。

☎0460-82-9210
🈷手捏陶藝體驗3400日圓～、
吹玻璃體驗3400日圓～、噴砂體驗1600日圓～等
（會另外收取公園的入園費）

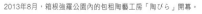

2013年8月，箱根強羅公園內的包租陶藝工房「陶びら」開幕。

開車旅行到哪裡都很自由
仰望富士山的箱根兜風之旅

想要來一趟視野開闊、充滿暢快感的旅行。
那麼，來場能欣賞遼闊風景的蘆之湖週邊兜風之旅如何？
富士山美麗的景色保証能讓你感動。

想租車的話

事先以電話預約，到達當地後前往各店家。需要辦理手續，因此最好預留一點時間提早出門。出發前支付基本費用，還車時再支付不足的差額。還車時記得將油加滿。

日產租車
☎0460-85-5523（箱根湯本店）
☎0465-32-4123（小田原新幹線口店）

TOYOTA租車
☎0460-85-6719

搭乘計程車的話

沒有駕照的話，也可以搭乘計程車兜風。一般來說包車費用為1小時6600日圓。4個人包車3小時的話則為每人4950日圓。向司機先生詢問附近好吃的店家吧。

箱根登山ハイヤー
☎0120-148-512

伊豆箱根交通（株）
☎0120-74-0818

小田原報德自動車
☎0460-85-5551

箱根タクシー
☎0460-83-6465

START

箱根湯本站
日產租車的店從車站步行約5分鐘。拿到預約好的車子後就出發吧。因為有很多小路，最好選擇比較靈活的車種

往小田原西IC
約30分鐘

從箱根湯本越過潺潺的早川

吃些甜點再出去吧

松月堂菓子舖
☎0460-84-8526 ⬆箱根町仙石原230 🕐8:00～18:00 休週三（逢假日則營業） P有 🚌巴士站仙石詢問處前即到 MAP124 B-1

約15分鐘

一下就到

仙石原的蒲葦
金黃色的蒲葦穗隨風搖曳。光是從車裡望去就美不勝收。最佳觀賞時期為9月下旬到整個10月。🗺P.53

一下就到

箱根濕生花園
濕生花園隨著季節不同，開滿各種惹人憐愛的植物。開放時間為3～11月的9:00～16:30🗺P.53

700日圓　越過箱根嶺
約30分鐘　一路前往富士山

トーヨータイヤターンパイク（公路）
越過相模灣眺望橫濱和東京的兜風路線。從大觀山的觀景大廳看到的富士山堪絕色美景。來感受四季的自然景色吧

箱根嶺休息站
（道の駅箱根峠）

在休息站稍作休息。建築物後方的景觀也很不錯

用法國料理午餐全餐來慰勞開車的辛勞

從縣道75號往仙石原
約30分鐘

蘆之湖Sky Line
600日圓　約20分鐘

レストラン ラ・フォーレ
中午前往在法國料理中加入日式食材和技法的日式法國料理餐廳。美麗又健康的午餐，肚子也同時獲得滿足 🗾P.111
（小田急　箱根ハイランドホテル內）
MAP 124 B-2

約5分鐘

仙石原 はたごーの湯
泡溫泉休息一下。露天浴池中滿滿都是引自大涌谷的白色濁湯。備有毛巾，空手前來也OK。也有免費休息室，可以您閒地紓解疲勞

☎0460-84-5625　🏠箱根町仙石原817-211　🕐13:00～20:20　㊡不定休
¥1050日圓　🅿有　🚌巴士站仙石原詢問處前步行10分　MAP 124 B-2

三國嶺展望台是欣賞富士山的絕佳景點。能一直看到山腳下，再次被富士山的壯麗所感動

箱根除了蘆之湖周邊以外，幾乎沒有公共停車場。利用美術館附設的停車場，在附近觀光也是一種方法。

箱根甜點Collection

舒服的風徐徐吹拂的春天和秋天。
在箱根，附近的飯店、美術館、咖啡店，
皆以外表絢麗的期間限定甜點增添色彩。

美麗地表現出
靈峰富士的四季

使用東富士士雞蛋的
黑糖生蜂蜜蛋糕

盛裝也下了苦心的
Blanc Manger（奶凍）

How to
Hakone Sweets Collection

用甜點表現出
清晨的紅富士

1. 在哪裡可以吃到呢？

箱根區域的飯店、美術館、日式及西式餐廳、咖啡店等。參加的店家刊載於在箱根區域的主要車站於期間內發送的小冊子以及箱根Navi中。

2. 什麼時候舉行？

每年春天和秋天共舉行2次。詳細期間公布在箱根Navi網站 http://www.hakonenavi.jp/ 上。

3. 如何盡情享受？

參加的店鋪涵蓋整個箱根區域。可以利用箱根Free pass ☞P.14，相當方便。

箱根甜點Collection

☎0465-32-6801
（箱根甜點Collection事務局）

※照片為2013年秋天
展出的甜點

尋找箱根的
歡樂美食

箱根西麓的蔬菜、
來自駿河灣和相模灣新鮮的當地魚類、
以清澈的湧泉製作的蕎麥麵和豆腐。
為了滿足來自各地的美食家，
在箱根的餐廳、飯店和度假餐廳，
各個主廚每天都絞盡腦汁各展長才。

此外，博物館紀念品和拼木工藝品等，
作為摩登又風雅的箱根品牌象徵，
也都是不容錯過的逸品。

道地度假餐廳的美味午餐
讓身體感受愉悅的時光

裝潢高檔的度假餐廳，於午餐時段能輕鬆用餐。
使用箱根近郊食材的法國料理不僅外表美麗，
當每一道菜上桌時，都能品味到造訪箱根的喜悅。

1 以白色統一的優雅主餐廳 **2** 利用蔬菜本身的風味，主廚在一盤菜餚中表現出驚人的創造力 **3** 穿過充滿自然風情的入口進入餐廳內

menu
午餐全餐
5082日圓
7508日圓（右方舉例之全餐）
10973日圓
晚餐全餐
11550日圓～

名主廚編織出無比幸福的箱根法國料理
オーベルジュ オー・ミラドー ‖湖尻‖

勝又登主廚打造的度假餐廳先驅。發揮優雅的都會品味，並以三島的專屬農園每天送來、減農藥的新鮮蔬菜入菜。在充滿柔和日照的餐廳中，你可以慢慢享用精雕細琢的料理。

☎0460-84-7229　🏠箱根町湖尻159-15　🕐11:40～14:00、17:30～21:00（12歲以上方可入內）　🈺無休
🅿有　🚌巴士站湖尻三岔路口到　MAP124 A-4

MAP124 A-4

Course Menu

首先是相模灣產的炸豆竹莢魚和起司

使用15種繽紛的蔬菜，加上和牛的肉凍

主菜是Ashitaka菲力牛配上紅酒醬汁

甜點是起司慕斯和柳橙冰沙

餐後喝杯Espresso休息一下也有選擇多樣的葡萄酒酒單

※照片僅供參考
（內容根據季節不同）

現代和食和法國料理的絕妙組合

グリーンヒルズ 草庵

‖仙石原‖グリーンヒルズそうあん

使用沖繩的天然鹽和箱根湧泉。大量使用在小田原和沼津捕到的魚，可享用對身體有益的法國料理。鋪上塌塌米的餐廳中擺放骨董家具和生活用品，一邊欣賞庭園的綠意，一邊品嘗盛放於有田燒餐盤中的法國料理。

☎0460-84-7600 ⌂箱根町仙石原1181 ⏰11:30～13:30、18:00～19:30（11歲以上方可入內，需預約）🈹週二、第2個週三 Ⓟ有 🍴從巴士站仙石原詢問處前搭乘計程車5分 MAP 124 A-1

Menu Course

當季魚類作成捲。配上有機蔬菜

番薯湯。搭配自製的天然酵母麵包

將鮭魚和鱈魚精囊以生火腿包起後煎煮。入口即化的深度風味

菲力牛排。與蔬菜和醬汁是絕配

栗子冰淇淋。擺盤很華麗

menu
輕午餐全餐 2500日圓
午餐全餐 3500日圓
本店全餐 6000日圓
（右方舉例全餐）

1以筷子食用融入日式的法國料理 **2**外觀是洋房，但館內是日式與西式折衷的舒適裝潢 **3**在塌塌米上擺上餐桌椅的餐廳

※照片僅供參考（內容根據季節不同）

午餐全餐的內容根據進貨及季節，食材會有變動。預約時最好告知個人的喜好。

正因是歷史悠久的箱根
才有別墅主人們的專屬餐廳

為了滿足身為美食家的別墅主人們，箱根的眾多餐廳競爭激烈。
在優雅的空間中享用嚴選食材製成的料理全餐讓人十分感動。
用眼睛和味蕾來享受這份奢華吧。

1掛著壁畫和水晶吊燈的主餐廳。柔和的日光照射進來 **2**連細節都很講究的建築物 **3**盤子是Ginori的Siena系列 **4**冬天時會在17世紀時於羅馬郊外使用的石造暖爐中生火

在白色的豪宅中品嘗優雅的義大利料理

アルベルゴ バンブー ‖仙石原‖

佇立在仙石原豐美的大自然裡，美麗的白色宅邸令人印象深刻的義大利餐廳。可以在以妝點濕壁畫和大理石的主餐廳裡，悠閒地享用使用鄰近食材謹慎調理出的頂級道地義大利菜色。請同時享用空間和餐點。

🍴義大利料理 ☎0460-84-3311 🏠箱根町仙石原984-4
🕐11:30～14:30、17:30～20:30 🚫週二 🅿有
🚌巴士站仙石原小學校前步行5分 MAP124 B-1

Menu Course

首先是前菜Albergo bamboo的蔬菜田，由推車到桌旁服務

義大利麵中大量使用箱根和御殿場產的新鮮蔬菜

主菜是以塞入自家製香草後以炭火燒烤的竹風箱根豬

期待已久的甜點是加入糖煮栗子的千層派。搭配栗子鮮奶油

menu

〈午餐〉
Carina 3800日圓
Gioia 5400日圓
〈晚餐〉
Piacere 6300日圓
Felice 8400日圓

※照片僅供參考
（內容根據季節不同）

❶從沼津港捕撈的海鮮、富士的土雞、當地的新鮮蔬菜等，使用大量當季食材的料理廣受好評
❷從窗戶欣賞蘆之湖。也有露天的露臺座位

menu
山のホテル午餐
全餐 5544日圓
特選牛肉的爪哇咖哩 2021日圓

一邊欣賞蘆之湖一邊享用正統法國料理

ヴェル・ボワ ‖元箱根‖

小田急山のホテル中的正統法國料理餐廳。有著大窗戶的傳統歐式裝潢令人印象深刻。享用由曾在法國三星等級餐廳當學徒的主廚所烹調的、既精緻又華麗的法國料理。

法國菜 ☎0460-83-6321（小田急山のホテル） 🏠箱根町元箱根80 ⏰7:30～9:30、11:30～14:00、17:30～20:30（晚餐需預約） 困無休 Ⓟ有 ‼巴士站元箱根港步行15分（有從元箱根港的接送服務） MAP 126 B-2

石窯碳烤的正統比薩

SOLO PIZZA ‖仙石原‖ ソロピッツァ

被仙石原的綠意環繞、別墅風格的獨棟餐廳。由義大利直接進口石窯烤出的手工比薩，邊緣酥脆、中間有嚼勁。葡萄酒種類也很豐富，隨時備有各種品牌。

義大利料理 ☎0460-85-2884 🏠箱根町仙石原999 ⏰11:30～15:00、17:00～21:00（週日、國定假日～20:30 週四只有晚上營業、週六週日需預約） 困週二、三 Ⓟ有 ‼巴士仙石原小學校前步行15分 MAP 124 B-1

menu
大蒜比薩
1800日圓
鯷魚比薩
1800日圓

❶有軟綿綿起士的Margherita1600日圓 ❷別墅主人也常來光顧 ❸店內陳列著骨董家具和使用陳年木材的暖爐

高品質的料理要搭配美酒。可向店員詢問適合搭配料理裡的酒種。

精緻的料理
和充滿傳統的建築非常相配

舊御用邸、舊宮家別邸、舊男爵家的別邸等，
在箱根，充滿歷史淵源的建築物被重新整修，於現代再次登場。
在傳統的氛圍中，享受色彩繽紛又精緻的料理吧。

❶傳統牛肉咖哩 ❷主餐廳是天花板高5.5m的寬闊空間 ❸從本館沿伸的通道鋪著紅地毯

❶以蕎麥麵作為結尾的7道菜餐點「大文字膳」3800日圓 ❷❸欣賞可以清楚看見箱根外輪山的庭園、沉浸在大正浪漫的氛圍中

在古典餐廳享用傳統咖哩
メインダイニングルーム「ザ・フジヤ」
‖ 宮之下 ‖

1930（昭和5）年建造的主餐廳，細部雕刻和天花板畫都相當出色。歷代主廚代代相傳的牛肉咖哩，以濃稠為特色。

Menu例

・傳統牛肉咖哩 2400日圓
・雞肉咖哩 2300日圓
・龍蝦咖哩 10000日圓
・午餐全餐「ベルメール」5000日圓 1日限定10客

☎0460-82-2211（富士屋飯店）　🏠箱根町宮ノ下359　🕐7:30〜9:30、11:30〜14:00（週六日、國定假日〜14:30）、17:45〜20:30（晚餐為預約制。在17:45／20:00可以預約）　🈺無休　🅿有　🚉宮之下站步行7分　MAP 40

在大正浪漫的宅邸中享用正統蕎麥麵
箱根 茶寮 椿山莊
‖ 小涌谷 ‖ はこねさりょうちんざんそう

1918（大正7）年作為藤田平太郎男爵的別邸而建、現為國家登錄有形文化財產之建築物。除了正統手打蕎麥麵，也務必品嘗手工木棉豆腐。皆為椅子座位。

Menu例

・箱根山天婦羅竹筒蕎麥麵2200日圓
附當季蔬菜天婦羅，是相當受歡迎的蕎麥麵。附小菜和甜點

☎0460-82-8050　🏠箱根町二ノ平1297　🕐11:00〜17:30　🈺需洽詢　🅿有　🚌巴士站小涌園即到　MAP 125 D-4

欣賞各種不同的建築形式

メインダイニングルーム 「ザ・フジヤ」是以日光東照宮本殿為藍圖設計。懷石料理 花壇則是中世紀英國的木桁架屋樣式，可欣賞多彩的建築樣式。

美食／在傳統建築中品嘗精緻料理

1粒來雄二主廚監制的料理，以拼木工藝品盛裝
2走廊的窗戶可以看到美麗的庭園 **3**有著純日本建築的沉穩外觀

1每月更換菜色的懷石料理全餐 **2**室內充滿柔和光線和裝飾藝術風格的裝潢 **3**2樓座位的視野也很好

在充滿歷史淵源的舊御用邸享用日本料理

富士屋飯店別館 菊華莊

‖宮ノ下‖ふじやホテルべっかんきっかそう

位於1895（明治28）年建造的純日式建築，並擁有著名庭園的料亭。活用當季食材的正統日本料理，午餐3500日圓～。在奢華的氛圍中享用的料理別有一番風味。

> ♪Menu例
> ・箱根寄木膳 3500日圓
> ・旬菜會席 5000日圓
> ・晚餐會席 11550日圓～
> 箱根寄木膳是以箱根傳統的「拼木工藝」來襯托當季食材，相當推薦

☎0460-82-2211（富士屋飯店） ⌂箱根町宮ノ下359 ⏰7:30～9:00（需預約）、11:45～14:00（週六、日、國定假日11:30～）、17:45～20:00（需預約） 休無休 ℗有 ♨宮之下站步行7分 MAP 40

在宮家的西式別墅裡享用的當令懷石料理

懷石料理 花壇

‖強羅‖かいせきりょうりかだん

在昭和初期建造的舊閑院宮別墅，可以輕鬆享用著名旅館強羅花壇的美食。使用新鮮海鮮和精選當令食材的料理，道道打動人心。

> ♪Menu例
> ・花乃膳4042日圓
> ・午餐懷石料理5775日圓～
> 大量使用本地物產的當季食材的全餐料理。套餐最後還附當季甜點

☎0460-82-3333 ⌂箱根町強羅1300 ⏰11:00～15:30、17:30～21:00 休不定休 ℗有 ♨強羅站步行3分 MAP 125 E-3

箱根 茶寮 椿山莊和富士屋飯店別館 菊華莊都是國家登錄的有形文化財產。只有在箱根，才能在充滿歷史淵源的建築物中用餐。

適合散步途中的午餐
平易近人的餐廳

箱根都是高檔餐廳？不不，也是有當地人平常會光顧、
美味且價位平易近人的餐廳。
快來享用充滿老闆的愛的滿足午餐。

箱根旅行必去的著名義大利料理

（上）推薦全餐3000日圓中，主菜的香草煎仔羊和前菜的生火腿沙拉
（下左）店就在富士屋飯店旁邊（下右）義大利麵午餐1250日圓

ラバッツァ

‖ 宮之下 ‖

當地人經常造訪的義大利餐廳。每種全餐都大量使用10種以上西湘的有機蔬菜。細細品嘗由在義大利、法國長年修業，且曾是箱根名門飯店主廚的廚師所提供的好滋味。

義大利料理 ☎0460-87-9223 ⌂箱根町宮ノ下344
🕚11:00～20:00 休週二 🅿有 🍴宮之下站步行7分 MAP 40

令人想起歐洲家庭料理的正統洋食

（上）入口即化的燉煮仔牛1450日圓（下左）位於箱根濕生花園的入口處（下右）木頭風的店內設置著大暖爐

グレイン

‖ 仙石原 ‖

山間小屋風格的家庭式餐廳。招牌的燉煮仔牛，不需刀子就能把肉分開的軟嫩。每天早上烤的自製麵包和甜點也相當受歡迎。冬季會在暖爐中點火，別有一番風情。

洋食 ☎0460-86-3735 ⌂箱根町仙石原817-159 🕚午餐11:00～
14:30、下午茶時段14：30～15：30、晚餐18:00～19:30 休週三、
每月第1個週四 🅿有 🍴巴士站仙石原詢問處前步行8分 MAP 124 B-2

附餐也不能錯過

除了主菜，許多店家也在自家製麵包和甜點上
下了不少工夫。享用店家推薦的單品吧。

受當地居民喜愛的美味洋食店

（上）肉派裡包著煮得軟嫩的牛肉3000日圓（下左）舒服的露台座位廣
受好評（下右）時尚的氛圍充滿魅力

レストラン ロア

‖ 小涌谷 ‖

創業40年以上、深受當地居
民喜愛的餐廳。從開店以來
就不曾變過的多蜜醬，是花
一個禮拜熬煮而成的講究且

獨特的醬汁。單品、套餐、
全餐等多彩豐富的菜色，以
及使用縣內飼養的足柄牛的
料理都相當受歡迎。

洋食 ☎0460-82-4720 ⌂箱根町小涌谷520 ⌚11:30～14:30、
17:00～21:00 困週二（逢假日則為隔日休）Ｐ有 ‼彫刻之森站
步行5分 MAP 125 E-4

以平易近人的價格享受正統義大利料理

（上）溫泉義大利麵800日圓。加上湯和沙拉的套餐為1000日圓（下左）
裝飾著義大利麵等，用心打造的空間（下右）老闆親自監製的室內裝潢

イタリア食堂 オルテンシア

‖ 箱根湯本 ‖

曾在飯店擔任主廚的老闆製
作的義大利料理廣受好評。
著名的溫泉義大利麵，湯中
加入和溫泉相同的成分，充

滿各種礦物質。加入豆奶的
濁湯850日圓。

義大利料理 ☎0460-85-8388 ⌂箱根町湯本706 丸嶋ビル4F
⌚11:00～18:00左右 困不定休 Ｐ無
‼箱根湯本站即到 MAP 122 B-1

在大樓4F的イタリア食堂 オルテンシア。從饅頭店旁邊的小路進去有電梯，可以找看看。

精心製作的和食
被食材本身的美味所感動

以箱根特有的天然食材用心、細心製作。
充分發揮食材本身風味的料理，
直到最後一口，都能感受到大自然的恩惠。

在古民家風的店內享受濃郁的豆腐料理

① 知客點心2300日圓 ② 風雅的木造建築。店內也有環繞著圍爐的桌位 ③ 湯場豆腐單點800日圓

知客茶家 ‖箱根湯本‖しかぢやや

在充滿懷舊日式的店內，可以品嘗到使用豆腐和山藥的料理。以田舍味噌調味、再淋上山藥泥，獨創的早雲豆腐是這家店的特色。豆腐點心和知客點心等套餐菜色中也附早雲豆腐。

☎0460-85-5751 ⛩箱根町湯本640 ⏰11:00～14:30、16:30～19:00（週三只有中午營業）㊡週四（遇國定假日則營業）🅿有 ‖箱根湯本站步行7分 MAP 122 A-2

menu
豆腐點心 1850日圓 🈳
豆腐季節料理 2300日圓 🈳
知客季節料理 3200日圓 🈳
山藥季節料理 2300日圓 🈳

充分享受使用湧泉烹煮的絕品山藥湯

① 附山藥湯、以陽光曝曬的菜乾等山藥泥麥飯2500日圓 ② 家庭般的氛圍讓人感到平靜 ③ 使用嚴選山藥

しずく亭 ‖仙石原‖しずくてい

山藥泥麥飯使用山藥、「嬰壽之命水」湧泉、以及2種生味噌。現磨的山藥混和恰到好處的空氣，舌尖能感受到蓬鬆與滑順的口感。洗米水也使用湧泉，連細節都相當講究。

☎0460-84-2248 ⛩箱根町仙石原1246 ⏰11:00～14:30（晚上只有週五、六營業，為預約制）㊡週四（逢假日則營業）🅿有 ‖巴士站仙石高原步行3分 MAP 124 A-2

menu
山藥全餐 6500日圓 🈳
炸山藥 1400日圓 🈳
炒山藥芋 500日圓 🈳

美味素食「豆皮」

富含植物性蛋白的豆皮，是將豆乳加熱時產生的膜撈起而成的。自古以來便作為素食料理的食材食用。

使用箱根山麓豚的石鍋飯

1 箱根山麓豚的三層肉石鍋飯1680日圓
2 舒適寧靜的日式店內。二樓有塌塌米座位
3 以芒草煙燻的煮豬肉890日圓

menu
山菜碗飯
1470日圓
和牛叉燒 1680日圓
姬水生豆皮 630日圓

ごはんと板前料理 銀の穂
‖ 仙石原 ‖ ごはんといたまえりょうりぎんのほ

在仙石原的芒草平原旁的名店。知名的釜飯和碗飯，使用四季的當季食材。釜飯中更加入以箱根純淨水質養育的山麓豚製三層肉。晚上也提供生魚片等的全餐料理2625日圓〜

☎0460-84-4158 ⌂箱根町仙石原817 ⏰11:00〜14:30、17:00〜20:30（週六、日、國定假日中午〜15:00 ※釜飯到14:30為止）休週三 P有 🚌巴士站仙石高原即到 MAP 124 A-2

充分享受趁熱撈起的豆皮

1 招牌菜豆皮丼980日圓 2 位於可由大窗戶眺望早川的地理位置 3 一番榨生豆皮600日圓，搭配芥末醬油享用

menu
豆皮丼+生豆皮套餐
1480日圓
豆皮丼套餐料理 1980日圓
豆乳豆腐天 420日圓

湯葉丼 直吉 ‖箱根湯本‖ゆばどんなおきち

一進入店內，就能聞到撲鼻的湯汁香氣。由湧泉和優質大豆製成的豆乳製作豆皮，再以特製湯汁加熱的豆皮丼相當受歡迎。土鍋加熱後的熱呼呼豆皮直接送上桌。豆腐紅豆湯680日圓也值得一嚐。

☎0460-85-5148 ⌂箱根町湯本696 ⏰11:00〜18:00（豆皮售完為止）休週二（國定假日營業）P無 🚶箱根湯本站步行3分 MAP 122 B-1

ごはんと板前料理銀の穂の煙燻滷豬肉也可外帶890日圓。可作為伴手禮。

不管去過幾次還是想再去
箱根的美味名店

忍不住又想再去箱根，
深受如此喜愛箱根的人支持的名店。
仔細品嘗代表箱根的名店和知名料理吧。

鯛魚飯

曾在京都的老字號料亭當學徒的老闆所開的懷石料理店，最有名的是鯛魚飯。以利尻的昆布和赤穗的天然鹽為基底的特製湯汁炊煮的白飯上，放上烤得香味四溢後、弄散的鯛魚魚肉。清爽又高級的味道。

↑店內使用黑花岡岩
→鯛魚飯懷石 千草4200日圓

鯛ごはん懐石 瓔珞 ‖ 塔之沢 ‖ たいごはんかいせきようらく

懷石料理 ☎0460-85-8878 ⌂箱根町塔之沢84 🕚11:30～15:00、17:30～19:30（週一、二、四只有中午營業）困週三 🅿有 ‼塔之澤站步行5分 MAP 122 B-3

箱根山麓豚

高級豬「箱根山麓豚」和雞肉、高山蔬菜等，有多種使用箱根山麓生產的當地食材製作的菜色。受歡迎的蒸籠料理中，可以品嘗到豬肉、雞肉、以及吸取了甘甜風味的蔬菜，是奢華的逸品。搭配柑橘醋和芝麻醬汁食用。

↑有可眺望蘆之湖和遠方富士山的露台座位 →可品嘗到多種箱根食材的蒸籠料理1500日圓

箱根 明か蔵 ‖ 箱根町 ‖ はこねあかくら

蒸籠 ☎0460-85-1002 ⌂箱根町箱根47 🕚11:30～15:00（週六、日、國定假日11:00～16:00）困週四 🅿有 ‼巴士站箱根關所遺址即到 MAP 127 F-4

煮豆腐排御膳2000日圓。在口中擴散的好滋味真是棒極了

煮豆腐排

連平日也大排長龍的人氣和食餐廳。第二代經營者田村洋一為了牙齒不好的母親所想出的「煮豆腐排」，是將絞肉包進豆腐裡後油炸，再以蛋汁凝固的一道料理。目前可說是箱根名菜的代名詞。

↑有席地而坐的位子和桌椅的位子　↓充滿寧靜氛圍的建築物

田むら銀かつ亭
‖ 強羅 ‖ たむらぎんかつてい

和食 ☎0460-82-1440 　箱根町強羅1300-739 Ⓔ11:00～14:30，17:30～19:30（週二只有中午營業，營業時間根據季節會有變動）Ⓔ週三 Ｐ有 ‖從強羅站步行3分鐘 MAP125 E-3

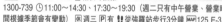

↑位於強羅公園的正門前

親子丼

雖然是蕎麥麵店，但使用德島產的土雞・阿波尾雞作出的親子丼1250日圓堪稱人間美味。好吃的秘訣，是在用本土雞熬出的高湯中，加入特製的蕎麥麵醬汁完成的湯頭。使用當地產山藥的山藥蒸籠料理1250日圓也相當受歡迎。

加入大量軟嫩卻有嚼勁的阿波尾雞

山路 ‖ 強羅 ‖ やまじ

蕎麥麵 ☎0460-82-2616 　箱根町強羅1300-562 Ⓔ11:00～15:00（週末～19:00）Ⓔ週三（逢假日則營業）Ｐ無 ‖強羅站步行5分 MAP125 D-3

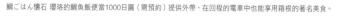

鯛ごはん懐石 櫻珞的鯛魚飯便當1000日圓（需預約）提供外帶，在回程的電車中也能享用箱根的著名美食。

活用名水和食材
做出箱根著名的蕎麥麵

到處都有清澈泉水湧出的名水之地，箱根。
緩緩滲進大地、經過歲月自然過濾的水，沒有任何雜味，
最適合用來製麵。伴著清澈的空氣一同品嘗吧。

藏王鴨的風味和蕎麥麵是絕配

そば処 奈可むら
‖強羅‖そばどころなかむら

以石臼磨出的純國產蕎麥粉作出二八蕎麥麵的店。使用宮城縣產本地鴨的鴨肉蕎麥麵，濃厚的風味相當受歡迎。活用山菜和竹筍等當季素材製作的天婦羅也務必一嘗。

☎0460-82-1643
🏠箱根町二ノ平1156
🕐11:00～19:00
㊡週四 🅿有
🍴彫刻之森站即到
MAP125 E-3

1鴨肉蕎麥麵1550日圓。好吃到連麵湯都想全部喝完 2店內洋溢親切又放鬆的氛圍

1鴨湯蕎麥麵1800日圓 2喜愛蕎麥麵的老闆自行研究創業 3如現代和風咖啡店一般讓人感到平靜舒適的店。有桌椅的座位，也有簡單的席地座席，能輕鬆地享用蕎麥麵

完整的蕎麥搭配辣味沾麵汁享用

手打ち蕎麦 彦(げん)
‖箱根湯本‖てうちそばげん

使用帶殼蕎麥磨出蕎麥粉的彦（げん）900日圓，1日限定30客。與行家們喜愛的辣味沾麵汁更是絕配。蕎麥麵900日圓也相當受歡迎。小學生以下禁止入店。

☎0460-85-3939 🏠箱根町湯本茶屋183 🕐11:00～售完為止 ㊡週一、二（逢假日則為隔日休）🅿有 🍴箱根湯本站步行20分 MAP122 B-4

二八、十割…是什麼意思呢？

「十割」是100%蕎麥粉，而「二八」是指8成的蕎麥粉加入2成麵粉等其他成份製成的蕎麥麵。差別在於其他成份的量。

**被藝術家作品環繞
風雅的蕎麥麵店**

そば切り 十六夜
‖ 箱根湯本 ‖ そばきりいざよい

每天以石臼研磨會津產蕎麥的蕎麥麵店。在從餐具、家具、到室內擺設都是藝術家作品。在品味的店內，放鬆地享用蕎麥麵。也相當推薦豆皮、豆腐等單品料理。

☎0460-85-7798 🏠箱根町湯本705
🕐11:30～17:30（週六、日、國定假日～18:00）㊡週二、三 🅿無 ‼箱根湯本站即到 MAP 122 B-1

1店鋪位於まんじゅう屋菜の花 茶房⊠P.89的3樓 2藝術家望月通陽與內田鋼一的合作 3午餐的十六夜福々套餐1200日圓。附當地生產的木綿豆腐和自製和菓子紅豆月福

美食／箱根的著名蕎麥麵

**加入山藥和雞蛋的
手打蕎麥麵口感滑順**

はつ花そば新館
‖ 箱根湯本 ‖ はつはなそばしんかん

自創業以來，只加入山藥和雞蛋製作的蕎麥麵充滿嚼勁，滑順的口感廣受好評。附山藥的蕎麥麵1100日圓。午餐時間有時需排隊。

☎0460-85-5555 🏠箱根湯本474
🕐10:00～19:00 ㊡週四（每月會有一個週五休息）🅿有 ‼箱根湯本站步行8分
MAP 122 A-2

**品嘗堅持傳統
石臼製法磨出的蕎麥**

深生そば
‖ 元箱根 ‖ しんしょうそば

箱根神社鳥居附近的蕎麥麵店。使用北海道十勝鹿追產的蕎麥粉作出的蕎麥麵有扎實的嚼勁。飯後也別忘了品嘗蕎麥種子冰淇淋270日圓。

☎0460-83-6618 🏠箱根町元箱根6-17
🕐11:00～16:30 ㊡不定休 🅿有 ‼巴士站元箱根港即到 MAP 127 F-2

**邊欣賞芒草平原
邊品嘗滿載箱根食材的蕎麥麵**

そば処 穂し乃庵
‖ 仙石原 ‖ そばどころほしのあん

加入山菜、菇類、山藥等山中食材的蕎麥麵840日圓～及單品料理等，菜色選擇多樣。能在一覽仙石原的芒草平原的景色下充分享受。

☎0460-84-0055 🏠箱根町仙石原817
🕐11:00～15:00、17:00～20:00 ㊡週四 🅿有 ‼巴士站仙石高原步行3分
MAP 124 B-2

從山上降下的雨水成為地下水，再由地表自然湧出的湧泉。箱根有許多店家都使用這種湧泉來製作料理。

箱根的下午茶時光
窗邊和陽台座位是首選

眼前是富士山和蘆之湖的雄偉景色，
悠閒放鬆的下午茶，是箱根特有的享樂方式。
自製甜點和沙龍的優雅氛圍令人神醉。

在蘆之湖閃耀的湖光中
渡過悠閒時光

●小田急 山のホテル

プレミアムショップ&サロン・ド・テ ロザージュ ‖元箱根‖

蘆之湖畔的甜點餐廳。像是浮在湖面上的露台座位，可以感受湖面吹來陣陣舒服的微風。以5色水果醬汁點綴的蘋果派、使用各種季節的當季食材製作的蛋糕都是人間美味。由專業的茶指導員調配的紅茶也廣受好評。

1 蘋果派1559日圓。以日本紅茶協會認定的店家聞名 **2** 天氣好的時候，一定要選擇露台座位 **3** 由美內望去的蘆之湖景色也相當美麗 **4** 2F的店中有販賣紅茶 **5** 在小田急 山のホテル對面

☎0460-83-6321（小田急 山のホテル）⛫箱根町元箱根80 ⏰10:00～17:00 🈲無休 🅿有 🚌巴士站元箱根港步行15分（有接送服務）🗾126 B-3

散發高雅香氣的獨家紅茶很適合當作伴手禮。10包入，630日圓

新綠、楓紅、雪景全都有
找到喜愛的座位後，可在不同季節造訪。可以更加充分享受只有在窗邊和露台座位才能感受到的四季變化。

富士山和蘆之湖的絕色美景令人感動

●箱根·芦ノ湖 成川美術館

ティーラウンジ 季節風

‖ 元箱根 ‖ ティーラウンジきせつふう

位在高處的美術館咖啡廳，窗邊的沙發是頭等座位。可以欣賞到觀光船往來交錯、遠方的富士山和駒之岳等一望無際的全景。

☎0460-83-6828 🏠箱根町元箱根570
🕙10:00～16:15 🈚無休 🅿有 ‼巴士站元箱根港即到 MAP 127 F-2

以名家創作的茶碗盛裝抹茶，再附上和菓子。抹茶套餐1050日圓。蛋糕套餐也是1050日圓

眼前盡是庭園和箱根的大自然

●箱根ホテル小涌園

ラウンジ・アゼリア

‖ 小涌谷 ‖

從充滿開闊的飯店的咖啡廳，可以看見充滿歷史、美麗的日本庭園。也很推薦圖書館空間的沙發座位。

☎0460-82-4111 🏠箱根町二ノ平1297
🕙8:30～19:30 🈚無休 🅿有 ‼巴士站小涌園即到 MAP 125 E-4

起司舒芙蕾、歌劇院蛋糕等每天更換的當日蛋糕550日圓～。蛋糕套餐1150日圓～

在湖畔的露台座位享受優雅時光

●箱根ホテル

イル ラーゴ

‖ 箱根町 ‖

位於蘆之湖湖畔箱根ホテル的茶室。挑高天花板的高雅店內，可以享用到芦ノ湖ロール800日圓等獨創的甜點。

☎0460-83-6311 🏠箱根町箱根65
🕙9:30～22:00（17:00～BAR Time）
🈚無休 🅿有 ‼巴士站箱根ホテル前即到 MAP 127 E-4

模仿箱根淺間山做出的蒙布朗蛋糕。單點800日圓、蛋糕組合1400日圓

美食／箱根的下午茶時光

湖畔的座位根據天氣狀況，可能會有點冷。建議可攜帶一條披肩隨時披上。

望穿秋水的下午3點
溫暖的日式甜點時光

悠閒地泡完溫泉、漫遊各種景點後…
是不是想喝杯茶放鬆一下了呢？
在美味的日式甜點店感受溫暖吧。

減低甜度
充滿季節感的和菓子

拾栗子210日圓／完美詮釋出箱根四季美麗的頂級和菓子。種類隨季節變化

箱根手工金鍔燒157日圓／減低甜度，加入紅豆顆粒。由師傅手工烤製。「はこね」的烙字相當可愛

充滿健康&純樸
蕎麥粉香氣的甜點

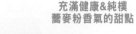

蕎麥紅豆湯670日圓／使用北海道產紅豆的紅豆湯，洋溢純樸的甘甜。附醃漬物

抹茶白湯圓冰淇淋紅豆湯800日圓／滿滿的紅豆配上栗子和冰淇淋，再加入抹茶白湯圓

強羅 花詩
‖強羅‖ごうらはなことば

強羅站前的和菓子店。可現場享用櫥窗裡的菓子。和菓子和飲品皆使用被稱作「箱根嬰壽之命水」的湧泉。不

妨從隨季節變化的頂級和菓子來感受四季的變遷。

可外帶

☎0460-82-9011 ♔箱根町強羅1300 ⏱9:00～17:00 困週三 🅿有 ‼強羅站即到 MAP 125 E-3

甘味処しんしょう
‖元箱根‖かんみどころしんしょう

由蕎麥麵店經營的甜點店。加入蕎麥粉丸子的蕎麥紅豆湯、使用蕎麥種子的稀有義大利冰淇淋350日圓都廣受

好評。從可悠閒放鬆的2F座位，可以看見蘆之湖和大鳥居，使箱根旅遊的氣氛更加熱絡。

可外帶

☎0460-83-1021 ♔箱根町元箱根6-17 ⏱9:30～17:00（冬季～16:30、隨季節、天候變動）困不定休 🅿有 ‼巴士站元箱根港即到 MAP 127 F-2

抹茶的泡沫是好喝的關鍵

將抹茶粉以茶筅點出泡沫的抹茶。細微的泡沫越多，越能成為有綿密口感的好喝抹茶。

美食／日式甜點時光

利用樹皮紋路的空間
高品味的日式咖啡店

月亮上的兔子（一個）200日圓／裡面有一整顆大大的栗子，是本店著名的饅頭

抹茶附和菓子800日圓／享用自家工坊現作的和菓子和抹茶

虹吸式咖啡和
風味柔和的甜點店

抹茶和菓子組合750日圓／每天不同的本地菓子。搭配的抹茶也很美味

白湯圓奶油紅豆餡蜜900日圓／清爽風味的寒天和黑糖蜜，與白湯圓非常搭

まんじゅう屋菜の花 茶房

‖箱根湯本‖まんじゅうやなのはなざぼう

位於箱根湯本站附近的饅頭店2F的咖啡店。除了季節和菓子組合800日圓、紅豆湯800日圓之外，葛粉條1000日圓也相當受歡迎。店裡同時也是藝廊，並販售碗盤和擦手巾等講究的生活雜貨。

☎0460-85-7737 ⌂箱根町湯本705 ◷9:30～17:15（週六、日、國定假日～17:45）㊡不定休 Ｐ無 ‼箱根湯本站即到 ᴍᴀᴘ122 B-1

茶房うちだ

‖箱根湯本‖さぼううちだ

店裡播放爵士、森巴、法國香頌營造美好氛圍。招牌抹茶與和菓子的組合、加入大量水果的紅豆餡蜜、手工作的鬆軟戚風蛋糕套餐900日圓（1日限定16個）都相當受歡迎。

☎0460-85-5785 ⌂箱根町湯本640 ◷10:00～18:00 週三（逢國定假日則隔日休）Ｐ有 ‼箱根湯本站步行6分 ᴍᴀᴘ122 A-2

夏天有刨冰、冬天有紅豆湯，日式咖啡店會隨季節更換菜單。從菜單中感受季節變化也是種簡單的快樂。

箱根旅行的結尾
在湯本的伴手禮銀座購物

湯本站前通上伴手禮商店和餐廳一間接著一間。
有好多讓人忍不住想下手的箱根著名伴手禮。
手拿溫泉饅頭，來散步購物吧。

可用於料理及飲品
柚子蜜

蜂蜜專賣店的果汁蜜。根據喜好加水或溫開水，便成為清爽甘甜的健康飲品。也可當作優格醬。

500g1575日圓

人人喜愛的湯本招牌伴手禮
溫泉麻糬 湯もち

口感滑順、風味高雅的溫泉麻糬。以白糯米粉製作、添加柚子香味的柔軟餅皮中，放入切細的羊羹。

1個199日圓

ちもと

和菓子 ☎0460-85-5632 ⛩箱根町湯本690 ⏰9:00～17:00 休不定休(每年10天左右) ‼箱根湯本站步行5分 MAP 122 A-1

杉養蜂園 箱根湯本店
すぎようほうえんはこねゆもとてん

蜂蜜 ☎0460-85-7183 ⛩箱根町湯本704 ⏰9:00～17:45 休無休 ‼箱根湯本站即到 MAP 122 B-1

自製杯墊
各420日圓

箱根登山鐵路

● ちもと

早川

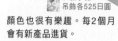

和服手機
吊飾各525日圓

● 箱根観光物産館
箱根湯本
観光協会 (3F)

季節の雑貨 折折 ●

和服花樣的可愛和風小物
日式雜貨

束口袋、手拿鏡、飾品等，陳列著各種以日式為靈感的小物。蒐集不同花樣、不同顏色也很有樂趣。每2個月會有新產品進貨。

季節の雑貨 折折
きせつのざっかおりおり

日式雑貨 ☎0460-85-5798 ⛩箱根町湯本694 ⏰10:00～18:00 (冬季～17:00、隨天候有所變動) 休週三 ‼箱根湯本站步行4分 MAP 122 B-1

箱根特有的圖樣受到注目
吸油面紙

以製作金箔的技術製作、100%天然和紙的吸油面紙。加上箱根特有的溫泉圖樣，共有3個種類。

小包裝各367日圓

居然可以到處試吃

溫泉饅頭、珍味、魚板⋯⋯湯本站前通的店家裡，很多地方都有提供試吃。就來找找你喜愛的口味吧。

可愛的形狀受到注目
布丁

大量使用富含維他命的「長壽蛋」製成的布丁。味道簡單，更能感受到食材本身的優點。外表也很可愛。箱根瑞士捲也受歡迎。

箱根布丁1個300日圓

箱根カフェ スイーツショップ

`洋菓子` ☎0460-85-8617 🏠箱根町湯本707
箱根湯本駅改札口內 ⏰10:00～18:00（週六、日、國定假日9：00～）※售完為止
🈺無休 ‼箱根湯本站剪票口內 `MAP` 122 B-1

蓬鬆香甜的烤蜂蜜蛋糕
箱根饅頭

在使用大量雞蛋的蜂蜜蛋糕中加入白豆沙的箱根饅頭。可在店前觀賞饅頭烘烤過程，十分有趣。

1個70日圓

菊川商店
きくがわしょうてん

`洋菓子` ☎0460-85-5036 🏠箱根町湯本706
⏰8:00～19:00 🈺週四（逢國定假日則營業）
‼箱根湯本站即到 `MAP` 122 B-1

伴手禮／湯本的伴手禮銀座

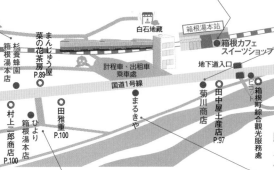

白石地藏　箱根湯本站
まんじゅう屋 菜の花茶房 P.89
杉養蜂店　箱根湯本店
計程車、出租車乘車處　地下道入口
国道1号線　箱根カフェ スイーツショップ
村上二郎商店 P.100　田雅重 P.100　まるきや　菊川商店　田中屋土產店 P.97　箱根町綜合觀光服務處　箱根湯本店
ひより P.100

金目鯛1片250日圓～、竹荚魚1片120日圓～（時價）

駿河灣產的金目鯛魚乾和竹荚魚乾
魚乾

金目鯛、竹荚魚等品質優良的魚乾，每天從伊東直接運送過來。鯖魚和鮱魚的味酥　魚乾、魷魚嘴、臭魚乾等下酒的商品相當齊全。

まるきや

`乾貨` ☎0460-85-5365
🏠箱根町湯本706
⏰8:30～18:00 🈺週五
‼箱根湯本站即到 `MAP` 122 B-1

ひより箱根湯本店
ひよりはこねゆもとてん

`吸油面紙` ☎0460-85-7055
🏠箱根町湯本702-1
⏰10:00～18:00 🈺不定休
‼箱根湯本站即到 `MAP` 122 B-1

附錄MAP中有詳細的「箱根湯本散步MAP」，請多加利用。

絕對值得特地前往購買
箱根的著名麵包

從以湧泉和溫泉水製作、溫泉地特有的麵包，
到老飯店的咖哩麵包、使用日式食材的麵包等。
從明治時代開始西洋飲食文化便相當發達的箱根，麵包的歷史也同樣悠久。

面對Sepia通的老麵包店

溫泉燉肉麵包600日圓／在箱根道路接力賽時會免費發送給觀眾的著名麵包。在法國麵包中加入長時間熬煮的燉牛肉

梅干紅豆麵包250日圓／加入柔軟的梅干果肉，獨特的紅豆麵包。濕潤的內餡和甜甜鹹鹹的味道巧妙結合

豆乳奶油麵包194日圓／散發著淡淡的豆乳香、奶油口感柔滑是其特色。和鬆軟的麵包相當搭，是屬於大人的味道

渡辺ベーカリー
‖宮之下‖わたなべベーカリー

1981（明治24）年創業，箱根最古老的麵包店。陳列著50種以上的麵包，其中又以在麵糰中加入箱根湧泉的 溫泉麵包最為著名。可在內用區享用剛出爐熱騰騰的溫泉燉肉麵包，一定要試試

內用OK

☎0460-82-2127
🏠箱根町宮ノ下343 🕘9:30～17:00（4～9月～17:30）
🈹週三、第三個週二 🅿有
‼宮之下站步行7分 **MAP** 40

活用富士屋飯店傳統技術的麵包和甜點

宮之下蛋糕捲1260日圓／將加入焦糖和楓糖的鮮奶油、和濃厚的卡士達醬，包進鬆軟的海綿蛋糕中

經典咖哩麵包300日圓／以富士屋飯店受歡迎的牛肉咖哩調配的點心麵包。經常在中午前便銷售一空

葡萄乾麵包630日圓／微甜的柔軟麵糰、和大量加入的葡萄乾的酸味相當對味。是長久以來的高人氣伴手禮。也有迷你尺寸370日圓

ベーカリー＆スイーツ ピコット
‖宮之下‖ベーカリーアンドスイーツピコット

富士屋飯店的直營麵包店。著名的咖哩麵包的咖哩，和飯店餐廳中咖哩味道幾乎相同。將代代相傳的技術和風 味活用於各種麵包。出爐時間有時會出現排隊隊伍。

可電話預約

☎0460-82-5541
🏠箱根町宮ノ下359
🕘8:30～19:00 🈹無休
🅿有 ‼宮之下站步行7分
MAP 40

吃得到系列飯店主廚的美味

主廚特製 烤咖哩麵包230日圓／使用「小田急　箱根ハイランドホテル」⇨P.110的咖哩。1天限定50份，想吃請早

季節丹麥麵包350日圓／使用當令的新鮮水果，外觀豪華的丹麥麵包。能買到什麼水果的麵包令人期待

箱根的Heidi麵包150日圓／就像是小蓮會吃的簡單白麵包。足柄產牛奶的甘甜引出的柔順風味是重點所在

箱根カフェ
‖ 箱根湯本 ‖ はこねカフェ

小田急集團營運、箱根湯本站內的咖啡廳。店內滿是使用附近的食材，且由系列飯店主廚製作的麵包。在內用區享用，或外帶在散步時品嘗都很適合。

☎0460-85-8617
🏠箱根町湯本707
🕐8:00～19:00 ⚫無休
🅿無 ‼箱根湯本站內
MAP 122 B-1

使用湘南小麥的日式創意麵包

麥神長麵包（麦神ロン）360日圓／使用湘南小麥、黑麥粉、酒種的招牌人氣硬麵包。烤過後酥脆的口感相當美味

明太子法國麵包200日圓／圓形法國麵包上擺放大量明太子的麵包。是十分受到歡迎的調理麵包

竹輪麵包230日圓／如其名，加入竹輪的圓錐型麵包。竹輪中塞滿德國產的卡芒貝爾起士

足柄麦神 麦師
‖ 箱根湯本 ‖ あしがらばくじんむぎし

堅持國產小麥、使用在神奈川縣平塚採收的「湘南小麥」。使用日式食材的創意麵包相當受歡迎，店內也充滿日式氛圍。約50種類的麵包中，硬麵包和軟麵包皆有，都是充滿個性又罕見的種類。

☎0460-83-9600
🏠箱根町湯本71-5 🕐10:00～17:30（週六、日、國定假日9:30～）⚫週二、不定休
🅿有 ‼巴士站山崎即到
MAP 123 D-3

富士屋飯店的人氣麵包店「ベーカリー＆スイーツ ピコット」。在箱根湯本站前也有分店（MAP 122 B-1），即使無法前往宮之下也買得到。

要當場吃？還是外帶？
夢幻豆腐種類豐富

說到箱根，絕不能忘記的，就是用名水製成的豆腐。
將費心製作的珍品吃進嘴裡，
讓大豆的甘甜緩緩地在口中擴散開來。

使用天然鹼水和湧泉的豆腐

一口雁凝
可愛小巧的雁凝豆腐。加入大和芋，維持鬆軟的口感。10個420日圓

豆乳杏仁豆腐
以豆乳製成的杏仁豆腐。淡淡的大豆香甜，非常適合當作甜點。在店內享用也OK。350日圓

大豆本身的溫和滋味

撈豆腐
比起一般豆腐，減少鹼水的使用量，更能感受到大豆的風味。不需醬油也能一口接一口。外帶用330日圓

豆乳（S Size）
在店內享用口感圓潤滑順的豆乳。使用北海道大豆，能感受食材本身的甘甜。100日圓

豆腐処 萩野
‖ 箱根湯本 ‖ とうふどころはぎの

豆腐使用瀨戶內海的天然鹼水和湯坂山的湧泉製作。分3階段加入鹼水的木棉豆腐210日圓，可充分感受到豆腐本來的甘甜美味。

可外帶

☎0460-85-5271 ⌂箱根町湯本607 ⏰7:00～18:00 ㊡週三 Ⓟ無 🍴箱根湯本站步行7分 MAP 122 A-2

豊島豆腐店
‖ 宮之下 ‖ としまとうふてん

能感受到大豆的自然甘甜的撈豆腐225日圓廣受好評。撈起以水冷卻凝固前的豆腐，能品嘗到新鮮的滋味。芝麻豆腐外帶370日圓也相當受歡迎。

可外帶

☎0460-82-2545 ⌂箱根町宮ノ下340-2 ⏰9:00～17:00 ㊡週三 Ⓟ無 🍴宮之下站步行7分 MAP 40

首先什麼都不要沾，直接品嘗

在店內享用現作豆腐時，第一口先不要沾醬油。藉由直接品嘗，來感受大豆本來的高雅美味。

在店裡享受鬆軟口感

油炸豆皮
原料使用配合水質嚴選的大豆。建議搭配炒過的蒜泥食用。1片150日圓

削豆腐
強羅的超人氣著名豆腐。經常在中午前售完，請提早出門。210日圓（不可外帶）

來自名水的「姬豆腐」

玉肌もめん 姫乃水
使用美味的水與優質黃豆做出的木綿豆腐，是店內人氣最高的商品。1塊189日圓

箱根白雪　姫乃水
比木綿豆腐更為柔軟的絹豆腐，可以吃來比較看看。1塊189日圓

箱根銀豆腐
‖強羅‖はこねぎんどうふ

可以品嘗到著名的削豆腐。起鍋的豆腐鬆鬆軟軟，口感滑順。因為無法外帶，請在店門口一邊欣賞山景一邊享用。

可外帶(削豆腐不可外帶)

☎0460-82-2652 ⌂箱根町強羅1300 ⏲7:00～售完為止 休週四 P無 ‼強羅站即到 MAP 125 E-3

辻国豆ふ店
‖大平台‖つじくにとうふてん

販賣使用著名的箱根內輪山淺間山伏流水「姫の水」製作的豆腐。除了絹豆腐、木綿豆腐之外，豆花豆腐200日圓人氣也高。建議先打電話預訂。

可外帶

☎0460-82-2156 ⌂箱根町大平台442-2 ⏲8:30～16:30 休週三 P無 ‼太平台站步行10分 MAP 122 A-3

豆腐店都一大早就開門。有些店家從早上7時就開始營業。人氣商品很快就賣完，一定要放進當天最早的行程。

A

富士屋飯店的
傳統牛肉咖哩

C

微彎的線香座

E

法國的骨董鑰匙

B

IZUMI自家洗髮精&潤髮乳

有一點特別

給重要的人的
高質感禮物

在箱根發現各種融入了製作者及
販賣者心意的商品。這些商品可
作為箱根旅行的回憶、或是買回
去送給對自己來說重要的人。

F

箱根翡翠自創鐳瓶

A在家也能享受箱根的傳統風味。700
日圓①　**B**洗髮精各2625日圓、潤髮
乳各2940日圓②　**C**櫸木、花梨木
等，各種木頭有著不同顏色。各1260
日圓③　**D**天然日曬鹽為基底的浴
鹽，有4種香味。各1785日圓②　**E**
作為護身符或是飾品都相當受歡迎。
各1000日圓～5000日圓⑦　**F**加入水
並放置半天，口感即變得柔順。3150
日圓⑤　**G**加入水果乾和堅果類的特
製蛋糕。1260日圓⑥　**H**穿著飯店門
僮制服的泰迪熊5250日圓①　**I**在日
本全國各地有許多粉絲的逸品。
100g800日圓④　**J**簡單的設計，好
拿的筷子。各1155日圓⑤

D

IZUMI自家浴鹽

オー・ミラドーの獨家水果蛋糕

G

富士屋飯店自創泰迪熊 H

J

飯店也在用的
極細筷子

從大涌谷的溫泉採集的
溫泉結晶入浴劑

M

K愛媛縣的「伊予一刀彫 南雲」
作品。各6300日圓～⑧ L楓樹
等各種溫暖色調。4色，各1050
日圓③ M不論香氣或顏色，皆
是箱根濁湯的決定版。840日圓⑨
N甜美的玫瑰香氣。1575日圓②
O小小的棋盤中閃耀著師傅精巧
的技術。1700日圓⑩

①富士屋飯店→P.38 ②箱根凱悅飯
店→P.20 ③まんじゅう屋菜の花 茶房
→P.89 ④相原精肉店/☎0460-84-
8429→MAP 124 B-1 ⑤箱根翡翠
/☎0460-84-3300→MAP 124 B-1 ⑥オ
ーベルジュ オー・ミラドー→P.72 ⑦プレ
ジール・ドゥ・ルフ→P.35 ⑧和心亭 豐
月→P.108 ⑨田中屋土產店/☎0460-
85-5351→MAP 122 B-1 ⑩京屋物產店
/☎0460-82-3028→MAP 125 D-3

樸華無實的木雕人偶
月夜的樂團

K

N   IZUMI原創香草護唇膏

I

奢侈地使用和牛的
紋次郎烤牛肉

L   手感很好的木尺

O   直徑僅1cm的
精巧工藝（棋盤）

97

Made in 箱根的代表
自古至今都是拼木工藝

以天然木材的顏色作出多采多姿的幾何圖案，
拼木工藝是江戶時代末期，在木工盛行的畑宿誕生的傳統工藝品。
木紋交織出的圖案，美麗程度不亞於現代藝術。

師傅實際操作用刨刀削去木頭

10次秘密箱
聽說滑動10次
就能開啟它

自己作的杯墊♪

也有像這樣的拼木工藝

畑宿寄木会館
はたじゅくよせぎかいかん

☎0460-85-8170 🏠箱根町畑宿103 🕘9:00～16:00
🈺無休 🅿有 🚌巴士站畑宿步行3分 MAP 127 E-2

什麼是「ZUKU」和「MUKU」？
將不同顏色的木材組合而成的方塊薄薄地削下，貼在製品上的稱作「ZUKU」。而由方塊削製成的稱為「MUKU」。

漫遊拼木工藝品店

1 被評為將當作伴手禮的拼木工藝提升至工藝品境界的店。也參與製作以拼木工藝製作的箱根道路接力賽的去程優勝獎杯。販賣小物收納盒4000日圓等。

3 也有很多以動物為靈感的小物。可預約拼木工藝體驗教室700日圓

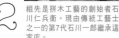

2 祖先是拼木工藝的創始者石川仁兵衛。現由傳統工藝士之一的第7代石川一郎繼承這家店。

1
金指ウッドクラフト
かなざしウッドクラフト

開發「MUKU」拼木工藝，在守護傳統的同時也持續製作獨特的現代設計工藝品。可以體驗製作拼木杯墊700日圓（約需1個小時的時間）。

☎0460-85-8477
🏠箱根町畑宿180-1 🕘9:30～16:30
🈷無休 🅿有
‼巴士站畑宿即到 MAP 127 E-2

2
浜松屋
はままつや

販售貼上拼木工藝的和服小物和腰帶。可當作繪畫欣賞的木象嵌值得一看。參觀2F的工坊，還可得到拼木ZUKU（將拼木薄薄地削下的物品）作為禮物。

☎0460-85-7044
🏠箱根町畑宿138 🕘9:00～17:30
🈷無休 🅿有
‼巴士站本陣跡即到 MAP 127 E-2

3
畑の茶屋
はたのちゃや

可參觀貼付、無垢、木象嵌等多種拼木技法的店家。杯墊、攜帶式菸灰缸等，各種適合送禮的小物也應有盡有。

☎0460-85-7090
🏠箱根町畑宿173 🕘9:00～17:00
🈷無休 🅿有
‼巴士站畑宿即到 MAP 127 E-2

在展示、販售拼木工藝的畑宿拼木會館，可以欣賞師傅實際操作和製作拼木的工具。

A

和本尊一樣的外型非常可愛
「KERORIN臉盆鑰匙圈」525日圓

C

加入名水香甜酥脆的煎餅
「鑛泉煎餅」1260日圓（16片裝）、
1575日圓（21片裝）

招牌的黑蛋商品
「箱根限定小黑蛋」420日圓

E

B

酥脆口感的烤甜麵包
「箱根烤甜麵包（原味）」
500日圓（10片裝）

想要分送給每個朋友

箱根
小小伴手禮
大集合

溫泉地箱根才有的入浴劑、溫泉商品、
魚板、仙貝等，招牌的伴手禮應有盡
有。

F

Yunessun的招牌伴手禮
「自製入浴劑」150日圓（1包）、
700日圓（5包組）
※組合的內容可能變更

A 天山湯治鄉 ひがな湯治 天山
🗺P.32　**B** グランリヴィエール箱根
/☎0460-83-8123 🏠箱根町仙石原
1246-737 ⏰10:00～18:00 🈺無休
🗺124 A-2　**C** 川邊光榮堂/☎0460-
82-2015 🏠箱根町宮ノ下184 ⏰9:30
～18:00 🈺不定休 🗺40　**D** 田雅重
/☎0460-85-5770 🏠箱根町湯本702
⏰8:30～17:30 🈺週四（逢國定假日則
隔日休）🗺122 B-1　**E** 箱根の市
/☎0460-85-7428 🏠箱根町湯本707
⏰8:30～21:00 🈺無休 🗺122 B-1
F 箱根小涌園Yunessun🗺P.30
G 村上二郎商店/☎0460-85-6171 🏠
箱根町湯本702 ⏰8:30～18:00 🈺無
休 🗺122 B-1

使用白蘭地調味，
烤來芳香可口
「焼きぼこ（烤魚板）」1250日圓（7支裝）

D

入口即化的大粒梅干
「味道剛剛好」180日圓（1個）

G

在箱根的飯店 悠閒放鬆

客房中有露天浴池的人氣現代和風飯店、
能享用極品法國料理的餐廳。
有夢想中的度假飯店,
也有能輕鬆入住的平價飯店。

溫泉、料理、客房、風景,
以及留在心中的溫暖服務,
讓造訪箱根永遠不會膩。

在附露天浴池的客房中度過悠閒時光吧

最近有越來越多飯店，客房中附露天浴池。
我們從中挑選出能以1～3萬日圓滿足你願望的飯店。
曾經覺得門檻太高敬而遠之的人一定要試看看。

■ 特別房「桔梗」的露天浴池
■ 提供50種道地燒酒的BAR。在會合區也有提供 ■ 使用四季食材的晚餐（春）

位於竹林高處、屬於大人的日式現代飯店

四季を味わう宿 山の茶屋 ∥塔之澤∥しきをあじわうやどやまのちゃや

隱身在架於早川上的吊橋深處的飯店。鋪著麻繩地板和塌塌米的館內，隨處可見亞洲骨董和美術品，相當有品味。15間客房皆不相同。在8間附有賞月台、露天浴池的客房裡，可以泡在浴池中眺望竹林的綠意。此外也相當推薦獨具風情的露天浴池・竹之湯。泡完湯後回房，會送上由曾在橫濱的知名料亭長期服務的主廚製作的懷石料理。

☎0460-85-5493
⟡箱根町塔之沢171
⏱IN15:00 OUT10:00
🛏和室15間 🅿有 🚏塔之澤站步行10分
● 有接送服務（共乘接送巴士、100日圓）●有露天浴池
MAP 122 B-3

走過吊橋穿過大門進入室內

以拼木製作的房間鑰匙

色彩鮮新又可愛的浴衣

在日式寢室中休息

穿著木屐，走在喧山的竹林裡

享受2個溫泉泉源的7個泡湯處

箱根小涌谷溫泉 水の音 ‖小涌谷‖はこねこわくだにおんせんみずのと

位於充滿綠意又寂靜的森林中的溫泉飯店。由2種源泉湧出的溫泉，可以在4個附露天浴池的大浴場，和3座包租浴池享受。泡完湯後的服務也很完善，館內就可以享受到處泡湯的樂趣。

☎0460-82-6011（預約）
🏠箱根町小涌谷492-23
🕐IN15:00 OUT11:00
🛏和洋室72間、洋室20間 Ⓟ有
🍴小涌谷站步行15分
●有接送服務
●有露天浴池 MAP 125 E-4

①庭園中有3處個人浴池。空著的話可以免費使用 ②大廳的陽台水聲、鳥鳴不絕於耳 ③有陽台露天浴池的「水花之庄」客房中，可充分感受大自然的美好 ④現代寧靜舒適風格的矮床和洋室

住宿方案

水花之庄・附露天浴池和洋室
1泊2食（2人1室／1人份）
平日25000日圓〜

被仙石原的綠意環繞、客房氛圍輕鬆的露天浴池飯店

仙石原 品の木 一の湯 ‖仙石原‖せんごくはらしなのきいちのゆ

附露天浴池的客房約從1萬日圓起跳，可無負擔入住，是相當受歡迎飯店。除本館之外，還有以「一之湯版套房」為主題的4種客房構成的別館。在大浴場中，可享受到2種泉源的溫泉。

☎0460-85-5331（一之湯集團預約中心）🏠箱根町仙石原品の木940-2 🕐IN15:00 OUT10:00 🛏和室雙床房16間、和室19間、洋室1間、別館4間 Ⓟ有 🍴巴士站品の木箱根・ハイランドホテル前即到
●有露天浴池 MAP 124 B-1

①有日式暖桌和露天浴池的本館客房。可以盡情放鬆 ②在餐廳享用和食 ③男生和女生的大浴場裡都有露天和室內浴池各1個 ④也有美容沙龍。省下的住宿費，就用來犒賞自己吧

住宿方案

露天浴池客房
標準1泊2食（2人1室／1人份）
平日12750日圓〜（本館）、15900日圓〜（別館）1泊不含餐飲（2人1室／1人份）平日10860日圓〜

箱根小涌谷溫泉 水の音裡，到處都可聽見水聲，讓人心情平靜。度過與大自然融為一體的時光。

最幸福的瞬間
以美食迎賓的飯店

以把素材本身的味道充分發揮的美食來招待客人的度假餐廳，
還有首先在飯店推出難得一見的雉雞料理的飯店。
不論哪一家飯店都充滿箱根風情、提供您高品質的假期。

道地法國料理和引以為傲的濁湯

箱根フォンテーヌ・ブロー
仙石亭

‖ 仙石原 ‖
はこねフォンテーヌブローせんごくてい

老闆兼主廚齋藤厚男大展長才的餐廳。食材方面使用三島的當地蔬菜、以酒粕養殖的區域限定高級牛。晚餐有在主餐廳享用的傳統法國料理，以及在客房享用的法式懷石料理可以選擇。溫泉成分豐富的大涌谷溫泉泉源，一經攪拌，還會看到沉澱的溫泉結晶。在以吉野檜木打造的大浴場，可以享受到有細微氣泡療癒功效的溫泉。

1 眺望箱根連山、品嘗主廚引以為傲的道地法國料理 **2** 二張床加上專用的餐廳，並且有源泉放流露天浴池的客房。館內還有講究有機的芳療沙龍「SPA FONTAINE」

☎0460-84-0501
⌂箱根町仙石原イタリ1245-703
⊙IN15:00 OUT11:00 圖洋室11間、和洋室1間 Ｐ有 ‼巴士站箱根カントリー入口步行10分 ●有露天浴池(客房露天浴池) MAP 124 A-3

住宿方案
露天浴池客房
1泊2食（2人1室／1人份）
平日33600日圓～
スウィートルーム
1泊2食（2人1室／1人份）
平日39900日圓～

吧台座位的燭光效果

享受當地的法國料理

外觀美麗的料理

附屋簷台半露天浴池的雙床房

也很推薦在SPA放鬆

隱身於箱根的森林中的美食和放鬆去處

オーベルジュ漣 ‖仙石原‖ オーベルジュれん

在仙石原高原的寧靜森林中，提供創意法國料理的餐廳。主廚是曾在法國布列塔尼的星級餐廳學藝過的實力派。大涌谷的新鮮濁湯也充滿魅力。

店家引以為傲的大涌谷溫泉濁湯

☎0460-84-9000
⯅箱根町仙石原1285-17
🕒IN15:00 OUT11:00（住宿者限小學生以上）⬜洋室11間
🅿有 ‼巴士站仙鄉樓前步行6分
●有露天浴池 ㎆124 B-2

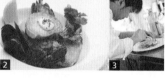

1 2 羔羊肉和鴨肉等，充滿法國風味的菜色。使用自製香草、手工火腿&香腸等美味又安心的食材 **3** 新銳廚師

在獨具風情的飯店中享用深受宮中喜愛的雉雞料理

雉子亭 豊栄荘 ‖箱根湯本‖ きじていほうえいそう

高蛋白、低卡路里，深受女性歡迎的雉雞料理相當著名。可在懷石料理中品嘗到，美味的愛緩・鬼北町產的雉雞。飯店背對須雲山、湯坂山，地點本身也是一大魅力所在。

宛如置身秘湯，能聽到清流潺潺的露天浴池

1 「鬼北雉雞和季節蔬菜陶板燒」等，大量使用雉雞和當季食材的懷石料理 **2** 豐富的綠意就在眼前，寧靜且令人放鬆的客房 **3** 早餐菜色的一例「鱒魚味噌燒」

☎0460-85-5763
⯅箱根町湯本茶屋227
🕒IN15:00 OUT11:00
⬜和室18間🅿有
‼巴士站葛原即到
●有接送服務（共乘接送巴士、100日圓）
●有露天浴池 ㎆122 A-4

雉雞是自古以來深受宮中喜愛的料理。據說雉子亭　豊栄荘是首先提供雉雞料理的飯店。

住宿／以美食迎賓的飯店

如果是紀念日
就到嚮往已久的奢華飯店吧

寧靜放鬆、專屬大人的低調飯店。
在寂靜包圍下慢慢的泡湯，耳邊只有樹木的聲音，
只有造訪這裡的人才能感受到的幸福時光。

1滿滿的大涌谷濁湯 **2 3**採用設計史上知名的海內外家具名作 **4**沿著長長的通道往下走，開始放鬆的時光

11F是和室。2F是有床的客房「遙」 **2**在房間裡享用懷石料理 **3**「風」的客房。房間中央有濁湯露天浴池 **4**幽靜的竹林一景

交織出放鬆時光的和風現代飯店

華ごころ ‖強羅‖はなごころ

能將明星岳一覽無遺。共8間客房的低調飯店。每間客房皆不同，並不惜採用柯比意的椅子、野口勇的照明等知名設計師的家具。在森林中和別館有客房專用的露天浴池，能充分享受以泉質為傲的濁湯。能悠閒感受強羅的大自然。

☎0460-82-5556
⌂箱根町強羅1320-883
⏰IN15:00 OUT11:00(住宿限13歲以上) 🛏和洋室4間、和室4間
🅿有 🚶從早雲山站步行3分
●有接送服務(住宿時)
●有露天浴池 MAP125 D-3

住宿方案
掬水方案
1泊2食（2人1室/1人份）
和洋室33000日圓
客房用餐服務方案
1泊2食（2人1室/1人份）
和洋室38000日圓、和室43000日圓

進入幻想世界的華麗飯店

金乃竹 ‖仙石原‖きんのたけ

走過有著微微照明的塌塌米走廊，便是充滿獨特風格的客房。10間客房的設計都不相同，露天濁湯的客房、King Size的床、迷你吧台等，種類相當齊全。附露臺的寬廣客房、或是房間中央有露天浴池的客房等，每個房間都有驚喜。月光下的美容療程也一定要試試。

☎0460-84-3939
⌂箱根町仙石原817-342
⏰IN15:00 OUT11:00 🛏小房屋5間、一層房間5間 🅿有
🚌巴士站台ヶ岳即到
●有露天浴池(僅客房中有)
MAP124 B-2

住宿方案
小房屋式客房
1泊2食（2人1室/1人份）
遙36000日圓～
一層式客房
1泊2食（2人1室／1人份）
風54000日圓～

■1Plumier套房的301
■2每間客房中的露天浴池和景觀都不同 ■3備有哈瓦那雪茄的BAR ■4由美麗繽紛的前菜揭開序幕的懷石料理

■1■3坐忘客房。泡完湯後享受經絡按摩的SPA ■2隱密溫泉的個人露天浴池「薰風」。讓人想悠閒地長時間泡湯 ■4山葡萄花樣的浴衣

所有房間皆有露天浴池的日式度假飯店
箱根 時の雫 ‖宮之下‖はこねときのしずく

共8間的客房裡有露天浴池、葡萄酒櫃、窗邊還有躺椅，能遠離日常生活，只專注地欣賞箱根的山景。晚餐是融入當季食材、約15道的懷石料理，可在餐廳慢慢地享用。可以和重要的人一起度過重要的時光，這裡是專屬大人的飯店。

☎0460-82-4343
⌂箱根町宮ノ下416
⏱IN15:00 OUT12:00
◲大套房8間 Ｐ有
‼宮之下站步行20分
●有接送服務（需預約）
●有露天浴池　MAP 125 E-4

住宿方案
套房（501和其他4間）
1泊2食（2人1室／1人份）
33750日圓
Plumier大套房（301）
1泊2食（2人1室／1人份）
40050日圓

被山擁抱，深山幽谷的另一個世界
「四季の湯座敷」武蔵野別館
‖宮之下‖しきのゆざしきむさしのべっかん

位在蛇骨溪谷的飯店。館內皆鋪有塌塌米，穿著飯店準備的白襪子走動。附寬廣露臺和自家泉源露天浴池的「坐忘」客房共有4間，其中1間有檜木的露天浴池和DVD家庭劇院。在個人露天浴池中完全放鬆身心，忘記時間的流逝。

☎0460-82-4341
⌂箱根町宮ノ下425-1
⏱IN15:00 OUT11:00
◲和室20間 Ｐ有
‼宮之下站步行25分
●有接送服務（抵達後聯絡）
●有露天浴池　MAP 125 E-4

住宿方案
標準客房
1泊2食（2人1室／1人份）
平日24300日圓～
坐忘客房
1泊2食（2人1室／1人份）
平日31700日圓～

從不起眼的家具和日用品中可以看出飯店的講究。有時也能發現設計師的作品及貴重的古董。

令人窩心的服務
讓住宿的時光更加愉快

如何度過在飯店的美好時光，也是旅行的重點之一。
能夠放鬆的圖書室和咖啡店、能享受陶藝樂趣的教室等，
每間飯店都提供令人感到窩心的服務。

在休閒室裡享受悠閒時光

和心亭 豐月 ‖元箱根‖ わしんていほうげつ

茶室風設計客房相當齊全的飯店。可在有豐富藏書的休閒室裡放鬆。也可在露天及室內浴池享受純粹硫磺泉的蘆之湖溫泉。料理方面則十分講求菜色的變化。

☎0460-83-7788 　🏠箱根町元箱根90-42
🕐IN15:00 OUT11:00 　🛏和室15間 🅿有
🍴巴士站元箱根港步行15分
●有接送服務 ●有露天浴池 MAP 126 C-2

住宿方案

眺望蘆之湖和室
1泊2食（2人1室／1人份）
平日29400日圓～（+泡湯稅150日圓）

附陽台愛月和室
1泊2食（2人1室／1人份）
平日34650日圓～（+泡湯稅150日圓）

窩心 POINT

網羅約3000本的文學作品藏書。還有按摩椅。

❶以檜木盆作為浴缸的露天浴池 ❷使用天然水來代替溫泉的包租浴池 ❸一覽蘆之湖的特別客房。所有客房裡都備有日式暖桌 ❹大廳的Lounge可以欣賞眼前一望無際的美麗山景 ❺每個月變換菜色為魅力所在的現代懷石

在足湯咖啡店享用迎賓飲料

強羅天翠
‖強羅‖ごうらてんすい

附設有可享用迎賓飲料和酒類的「足湯咖啡店」。日式現代風的客房是能感受懷舊氛圍的設計，每間的設計都不同。從蔬菜、魚類、肉類、到米都使用本地嚴選素材的懷石料理也相當令人期待。

☎0460-86-1411 ⛩箱根町強羅1320-276 🕐IN14:30 OUT12:00 🛏和洋室1間、和室10間、洋室3間 🅿有 ‼強羅站即到 ●有露天浴池 MAP 125 D-3

住宿方案

12張塌塌米和室+大露臺+淋浴空間
1泊2食（2人1室／1人份）
平日33000日圓
展望浴池洋室雙床房
1泊2食（2人1室／1人份）
平日38000日圓
※熱門時段的房價需洽詢

❶可以免費使用能看見明星岳的個人露天浴池 ❷使用嚴選產地食材的每月變換懷石料理 ❸附展望浴池的洋室雙床客房

高心 POINT

入住時可以邊泡足湯邊享用喜愛的飲料。晚上以咖啡BAR的形式營業。

❶外觀美麗的繽紛料理 ❷使人心情放鬆的日式客房。每個館的設計都不相同 ❸白濁的硫磺泉，讓人放鬆的露天浴池

在大自然中靜靜地製作陶藝

仙郷楼
‖仙石原‖せんきょうろう

建於仙石原高處的老飯店。「陶藝教室」相當著名。注滿乳白色濁湯的溫泉，露天浴池是以岩石打造，而室內浴池則以石頭和檜木打造，各不相同。搭配奢華料理的葡萄酒也應有盡有。

☎0460-84-8521 ⛩箱根町仙石原1284 🕐IN15:00 OUT10:00 🛏共39間（附露天浴池的有13間）🅿有 ‼巴士站仙郷樓前即到 ●有露天浴池 MAP 124 B-2

住宿方案

和洋室住宿方案
1泊2食（2人1室/1人份）
平日24300日圓
和洋室標準住宿方案
1泊2食（2人1室/1人份）
平日24300日圓

高心 POINT

可製作碗及小壺的陶藝教室。除週四外每天舉辦。4200日圓。（非住宿者5250日圓）

在和心亭 豐月的休閒室中，搜羅了文學書、歌舞伎等的藝術類書籍、箱根相關書籍等，有各種領域的藏書。

偶爾來趟犒賞自己的旅行
只屬於自己的箱根時光

一個人旅行的好處，在於所有時間都能用在自己身上。
有品味的室內設計、貴族般的美容療程、優雅的晚餐⋯。
度過愉快時光的隔天早上，相信心中也會是滿足的。

14:00 — check in

入住是14時

本次是停留24小時的個人旅行
計劃。入口有穿著白色制服的
女服務生迎接。會搬運行李並
帶領我們至櫃檯。

散步在幾乎都是庭園的1萬
5000坪廣大面積中

在Lounge
休息一下

14:30 — relax

在優雅的Lounge放鬆

點一杯使用金時山的地下水製作的芳香蘇
打924日圓。天氣很好，因此選擇了陽台
的座位。

15:00 — hot spring

仙石原的濁湯

泡湯前
穿著房間裡準備的
鞋子
在庭園裡散步♪

住宿方案

附早餐女士方案
「私だけの休日」
1泊附早餐20650日圓〜
（平日、1人住宿時的費用）

※另有自選的選項
・芳香精油美體施術17000日圓
・晚餐全餐「ラ・フォーレ」9056日圓

白濁的湯是從大涌
谷引來的天然硫酸
溫泉。有著淡淡的
硫磺香氣。純白色
系的更衣室和SPA
用具也很棒

14:00 — **check out**
啊，真是悠閒…

雖然只有一天，卻充分恢復了元氣。
下次還想再休假來箱根啊。

回到房間再睡一下、
還是要去庭園散步呢

9:00
— **breakfast**
以綜合穀米燉飯
作為早餐

因為想試試蒸氣三溫暖，昨
晚又跑去泡溫泉。因此早上
睡過頭了。好久沒有這麼晚
才吃早餐。

綜合穀燉飯，配上仙石原水
芹、自家製味噌培根沙拉。對
身體有益的健康早餐

這次住的是這家飯店

小田急 箱根ハイランドホテル

‖仙石原‖おだきゅうはこねハイランドホテル

團男爵的別館改建、佇立在仙石原森
林裡的度假飯店。從眼前廣闊的庭園
傳來野鳥的鳴叫聲、吹拂樹梢的風
聲、和小川潺潺的水聲。歐洲風格的
優雅館內，讓人忘記時間的流逝。

☎0460-84-8541 ⌂箱根町仙石原品の
木940 ⏰IN15:00 OUT12:00
🏠洋室59間 🅿有 🚌巴士站品之木・箱
根Highland飯店站即到
●有露天浴池
¥1泊2食22150日圓～
🗺124 B-2

21:00 — **guest room**
回到房間
睡覺

可能是因為房間數不多，很少
遇到人，蠻安靜的。一邊這樣
想著一邊回到房間。今天要一
個人獨占大大的房間。時尚的
室內設計很有品味。
1人使用雙床房。從窗戶可以看見
一片綠意

治著能量線、以手心進行的身體
及臉部療程。產品使用澳洲最高
品質的Janesce等

16:00 — **treatment**
芳療保養

前往「SPA NATURE」。在AQUA
Lounge喝著地下水等候，美容師會前來
迎接。

18:00 — **dinner**
在優雅的餐廳享用晚餐

晚餐在有氣質的「レストラン ラ・
フォーレ」享用。在法國料理中融入
日式食材和技法的「法式＋日式」豪
華料理。

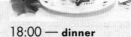

這次是一個人享受SPA方案。雖然有些奢侈，但偶爾要這樣犒賞一下自己。

My co-Trip／犒賞自己的旅行

多霧的箱根，有時不容易看見富士山。
如此害羞的富士山，反而讓人更想一看再看。

從箱根
再走遠一些

從箱根有直達巴士通往
御殿場Premium Outlets®。
廣大的腹地裡，國外知名品牌的商品以
讓人忍不住出手的心動價格陳列著。

具有歷史的城下町‧小田原，
規模剛好適合隨意漫遊。
稍微貪心一點點，也相當推薦箱根+α的小旅行。

再走遠一些
前往城下町 · 小田原

在江戶時代，以東海道最大的驛站而興盛的小田原，
有許多值得一看的歷史風景。
流傳至今的歷史遺產和傳統產業，都充滿了小田原的魅力。

整個繞上一圈
180分

建議時段

小田原站和箱根登山鐵路相連，建議可在回箱根時順道前往。主要的景點都在從車站走路能到的範圍內。除了小田原城址公園、天守閣、資料館外，春天還能欣賞梅花和櫻花。

■1960（昭和35）年復元的天守閣 ■JR小田原站。車站東口有車站大樓「小田原LUSCA」，購物相當方便 ■■小田原城遺址公園的櫻花和菖蒲花也相當著名

小·小·旅·程·提·案

1 從JR小田原站出發
連接東口和西口的通道上有觀光詢問處。從這裡開始漫遊小田原

2 小田原城址公園
守護城下町小田原的象徵，天守閣。復元後的白色牆壁相當美麗

3 漆器石川
參觀漆器藝廊。國產櫸木的觸感和素材的力量讓人感動

4 濟生堂藥局小西本店
在藥的博物館感受充滿歷史的藥櫃、藥缽、秤等，參觀珍貴的歷史資料

5 小田原文學館
近代日本文學主角的資料齊聚一堂。還有名作的親筆原稿

6 終點是小田原漁貨中心
海產店和餐廳等，共有10間店面的市場。在這裡尋找伴手禮吧

小田原城址公園 おだわらじょうしこうえん

小田原城周圍的公園。園內有資料館、遊樂園、美術館等。從標高60m的天守閣展望台，可以一覽相模灣和房總半島。

史蹟 ☎0465-23-1373（小田原市觀光課城址公園係） ⌂小田原市城內地內 ⊕自由入園（天守閣 見開館9:00～16:30）休天守閣休館日為12月的第2個週三 ¥天守閣400日圓、見聞館300日圓 P周邊有 ‼小田原站步行10分 MAP115

漆器石川 うるしうつわいしかわ

起源為室町時代在箱根產櫸木木材塗上漆開始的小田原漆器。製造販售凝聚現代風格工藝的漆器和國產的筷子等商品。

漆器 ☎0465-22-5414 ⌂小田原市栄町1-19-16 ⊕10:00～18:00 休第2、第4個週四 P有 ‼小田原站步行10分 MAP115

周邊圖 ●P.123

便利的觀光巡迴巴士

繞行小田原觀光景點的小田原觀光巡迴巴士（小田原宿觀光回遊バス）。春、秋時期的週六、日、國定假日發車。200日圓可自由搭乘（每年不同）。
☎0465-23-6660（小田原街頭創業家支援中心）

小田原散步途中休息一下

魚市場食堂 うおいちばしょくどう

在小田原水產市場2F的本地魚類料理食堂。新鮮度滿分的港口早餐定食730日圓、生魚片定食1000日圓等相當受歡迎。

☎0465-23-3818 ⌂小田原市早川1-10-1
🕐7:00～14:30（週日、國定假日10:30～）
㊡不定休 Ⓟ有
🍴早川站步行5分 MAP 115

小田原漁貨中心

小田原港口附近的海鮮市場。能以合理的價格買到海產。
☎0465-23-1077 ⌂小田原市早川1-6-1
🕐9:30～17:00 無休 Ⓟ有
🍴早川站步行5分 MAP 115

濟生堂藥局小西本店 さいせいどうやっきょくこにしほんてん

1633（寬永10）年創業。這是展示有將近400年歷史、並為國家登錄有形文化財產藥局收藏品的迷你博物館。展示和藥品相關的珍貴古董。

資料館 ☎0465-22-2014 ⌂小田原市本町4-2-48
🕐8:30～19:00 ㊡週日 Ⓨ免費參觀 Ⓟ無
🍴小田原站步行20分 MAP 115

小田原文學館 おだわらぶんがくかん

展示著被喻為日本近代文學始祖的北村透谷等出生於小田原的文學家、以及獲得文化勳章的尾崎一雄和谷崎潤一郎、北原白秋等文豪，與小田原有關的資料。

文學館 ☎0465-22-9881 ⌂小田原市南町2-3-4
🕐9:00～16:30 ㊡無休 Ⓨ250日圓 Ⓟ有
🍴箱根口巴士站步行5分 MAP 115

在小田原生計交流館 ☎0465-20-0515 可以拿到「街角博物館導覽地圖」。上街前先拿一份吧。

美味的小田原名產裡
蘊含傳統技藝

城下町、以及作為驛站從江戶時代興盛的小田原。
技術高超的師傅所研發出的傳統名產品，
讓喜愛美食的人都認同，今日仍持續受到大家的喜愛。

魚板 かまぼこ

1814（文化11）年創業的老牌魚板店。著名的「籠清之黑」，如同金太郎糖果，無論怎麼切都會出現烏賊圖案，是店裡的人氣商品。也有許多季節限定商品、伊達卷、前菜魚板等。

使用高級的白姑魚和天然墨魚汁為食材。1條450日圓（價格有定期的變動）。另外也有以貓熊、猴子、小豬等為靈感的動物魚板1條420日圓，有許多可愛又特別的商品。

能感受到歷史、很有份量的店面

籠清本店
‖ 本町 ‖ かごせいほんてん

魚板　☎0465-22-0251（代表號）　⬆小田原市本町3-5-13
🕗8:30～18:30　㊡無休　🅿有　🚶小田原站步行12分　MAP115

本地鮮魚握壽司

每天從相模灣捕撈的當季本地鮮魚。在這裡可以品嘗到奢侈地使用本地魚的壽司。像是要融化般的柔軟和擁有絕妙甜味的海饅等廣受好評。價格不高的握壽司組合和散壽司，都很適合作為午餐的選擇。

6個吧台座位、18個塌塌米座位，小而美的店內。推薦作為午餐的選擇

綜合握壽司全餐4200日圓。握壽司1人份1600日圓起

とろせい ‖ 城山 ‖

壽司　☎0465-35-7101
⬆小田原市城山1-6-30
🕗12:00～14:30、17:00～22:30
㊡週三　🅿有　🚶小田原站步行3分　MAP115

為何小田原的魚板如此有名？

據說在江戶時代後期，有許多日本橋的魚板師傅為了取得小田原的魚貨而移居此地，之後參勤交代的大名以及往來東海道的旅人，將這裡魚板傳至全國各地。

黑糖糕菓子

全國各地都有的蒸菓子「黑糖糕」，元祖是小田原的外郎家所製。從室町時代傳承至今的600年傳統，純樸的Q彈口感是其特徵。也別忘了造訪附設的甜點店。

純樸甘甜的黑糖糕各600日圓、栗子黑糖糕各800日圓、還有黑糖糕羊羹1條1500日圓

店面是傳統的八棟式建築。附設可以享用抹茶的甜點店

ういろう ‖本町‖

黑糖糕　☎0465-24-0560
⌂小田原市本町1-13-17
🕙10:00～17:00　休週三、第3個週四
🅿有　‼小田原站步行15分　MAP115

梅干

小田原的梅干，起源於戰國時代的武將們隨身攜帶的食物。1871（明治4）年創業的「ちん里う本店」的梅干，840日圓～，梅肉厚又柔軟。長時間醃漬，口感滑順而圓潤。也有梅子果醬。

↑對疲勞和宿醉也很有效
→1kg的青梅只能取出20g的梅精2400日圓

ちん里う本店駅前本店
‖栄町‖ちんりうほんてんえきまえてん

梅干　☎0465-22-4951　⌂小田原市栄町1-2-1　🕙9:00～18:00
休無休　🅿無　‼小田原站即到　MAP115

魚乾

魚乾起源於江戶時代的保存食物。將相模灣等近海產的竹莢魚、鯖魚、鰺魚等加工成為魚乾。早川的製造所內的販賣區雖然是批發中心，但也以約市價一半的價格進行零售和網路銷售。

有著絕妙鹹度的魚乾。竹莢魚263日圓、鯖魚263日圓等

大樓招牌為路標

山安ひもの
‖早川‖やまやすひもの

魚乾　☎0465-23-0011
⌂小田原市早川3-11-1　🕙10:00～18:30
（週日、國定假日～18:30）　休不定休
🅿有　‼箱根板橋站步行6分　MAP115

ういろう附設利用明治18年所建的倉庫改建、免費參觀的外郎博物館。介紹店面建築獨特的原因等。

從仙石原開車20分鐘
前往御殿場Premium Outlets

以國內最大的店鋪面積為傲，約210家國內外知名品牌的店面一字排開。
網羅了不論男女、廣受各個世代喜愛的人氣品牌。
從折扣商品中，找出屬於自己的寶物吧。

整個線上一圈
240分

12
10 — 15
19 18
建議時段

因佔地寬廣，在走累前最好先鎖定目標商店，或是重點式地逛一圈。海外的名牌在EAST區和WEST區的最裡面。中午時段不管哪家店都人山人海。最好儘可能避開這個時段。

御殿場Premium Outlets
‖御殿場‖ごてんばプレミアムアウトレット

☎0550-81-3122 ⛩靜岡縣御殿場市深沢1312
🕐10:00～20:00(1·2·12月～19:00) ㊡每年1次，2月的第3個週四 Ｐ有 ⛩御殿場站搭乘免費接駁巴士約15分，距離御殿場IC約2km
MAP 120 A-1

West Zone

シャトルバス
West Square
West Street
Hill Street
East Zone
Brooks Brothers
Pork Street
Main Street West
Cafe 3310

🛈	詢問處
🚻	洗手間
ATM	ATM
🔒	置物櫃

■ 時尚流行
■ 流行商品
■ 運動服
■ 生活·趣味雜貨
■ 飲食·食品

※2013年9月時

除了咖哩、義式三明治，還有戚風蛋糕等各種甜點

1 Cafe 3310
‖West‖カフェさんさんいちぜろ

在大大的沙發椅上放鬆
除了咖哩、義式三明治等6種輕食，也提供各種飲料。週六、日、國定假日從早上9點開始營業，等待店家開門時可多加利用。

共有88個座位的寬敞空間，可度過悠閒時光

2 Brooks Brothers
‖West‖ブルックスブラザーズ

顏色尺寸應有盡有
襯衫、毛衣等，有各種美式傳統風格的招牌商品。充滿季節感的商品，以Outlet的價格販售。

菱格紋的POLO毛衣（女裝）。運動風又給人有氣質的印象

長袖BD襯衫（男裝）。胸口有品牌標記的羊

搭乘「觀光景點周遊巴士」前往

繞行箱根主要觀光景點到御殿場Premium Outlets的「觀光景點周遊巴士（觀光施設めぐりパス）」非常方便。
可在箱根湯本、強羅、仙石原等地搭乘。

3 Le Creuset
‖East‖ルクルーゼ

可找到難得一見的商品

受到許多人喜愛、來自法國的琺瑯鍋具品牌。有時也會有只在海外販售的商品。

單手鍋（20cm）
金屬加工的手把堅固又好用

放進微波爐也OK的烤盤

4 Ciaopanic
‖East‖チャオパニック

適合情侶的流行休閒服飾

以女裝為中心，發展出男裝和雜貨小物等商品。不侷限於流行的混搭休閒風格相當受歡迎。

有著淺淺玫瑰印花的洋裝。胸口的抓皺是重點

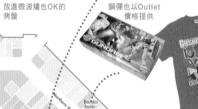

鋼彈也以Outlet價格提供

5 Bandai Asobi:
‖East‖バンダイアソビー

各種人氣角色商品

持續進貨鋼彈相關物品和原創商品。Bandai商店豐富的商品數量引人注目。

豐富的卡通人物T恤，不管大人小孩都喜歡

6 Le Souk
‖East‖ルスーク

挑動女人心的設計

從服飾、包包、首飾到鞋子，提供完整的選擇。網羅各種符合20多歲女性需求的商品。

有著鮮艷條紋的圍裙

讓腳成為亮點的皮編高跟鞋

從摩天輪的車廂中可以一覽富士山。夕陽西下的時候、或是太陽下山後，都能欣賞浪漫的景色。1次300日圓

East Zone

※2013年9月時
※商品僅供參考

再走遠一些／前往御殿場Premium Outlets

從東京也有直達巴士，從東京站、新宿站等各地都有班次。詳細可上網站查詢。

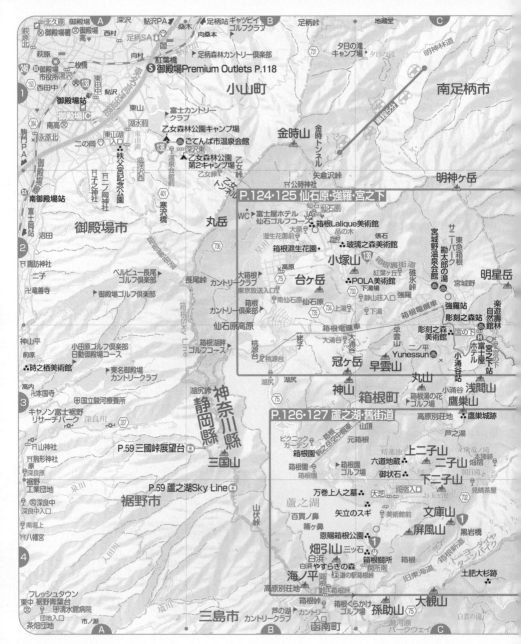

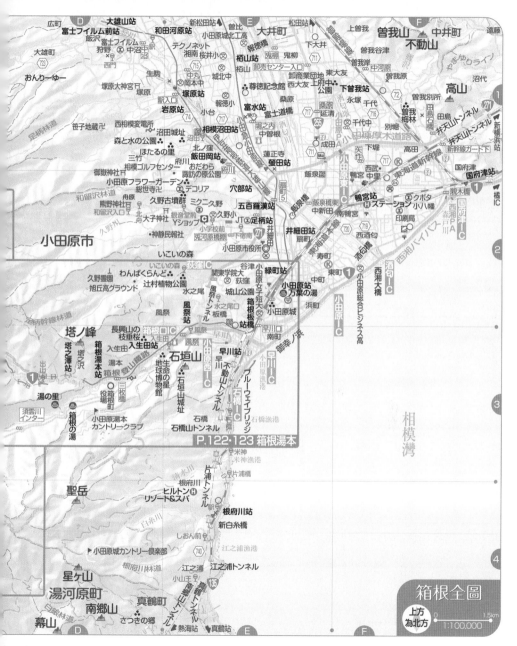

箱根全圖

上方為北方

0   1.5km

1:100,000

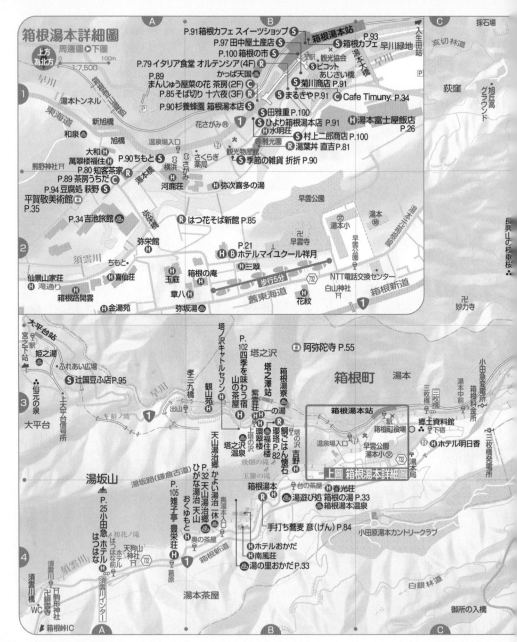

箱根湯本詳細圖

P.91箱根カフェ スイーツショップ Ⓢ
箱根湯本站 P.93
P.97田中屋土産店 Ⓢ
箱根カフェ
P.100箱根の市 Ⓢ
早川緑地
入生田站
P.79 イタリア食堂 オルテンシア(4F) Ⓡ
観光協会
採石場
P.89
まんじゅう屋菜の花 茶房(2F) Ⓒ
かっぱ天国 Ⓢ
Ⓢ ピコット
あじさい橋
亥切林道
P.85そば切り 十六夜(3F) Ⓡ
Ⓢ 菊川商店 P.91
P.90杉養蜂園 箱根湯本店 Ⓢ
Ⓢ まるきや P.91
Ⓕ Cafe Timuny P.34
旭丘高グラウンド
Ⓢ 田雅重 P.100
荻窪
花さがみ Ⓡ
Ⓢ ひより箱根本店 P.91
Ⓗ 湯本富士屋飯店 P.26
Ⓗ 水明荘
温泉場入口
村上二郎商店 P.100
長興山の枝垂桜
大和 Ⓗ
中雅光園
萬翠楼福住 Ⓗ
Ⓗ 観光物産館
Ⓡ 湯葉丼 直吉 P.81
P.90ちもと Ⓢ
さくらぎ薬局
P.80知客茶家 Ⓢ
横浜
Ⓢ 季節の雑貨 折折 P.90
P.89 茶房うちだ Ⓡ
さがみ
P.94豆腐処 萩野 Ⓢ
河鹿荘
Ⓖ 弥次喜多の湯
平賀敬美術館 P.35
早雲公園
P.34 吉池旅館 Ⓗ
Ⓡ はつ花そば新館 P.85
湯本小
湯本
卍 早雲寺
弥栄館
P.21
卍 早雲公園
Ⓗ ホテルマイユクール祥月
NTT電話交換センター
仙景山家荘
ちもと Ⓗ
Ⓑ
三翠
喜仙荘
玉庭
箱根の庵
歩行5分
白山神社 Ⓗ
箱根路開雲 Ⓗ
章八
732
Ⓗ 金湯苑
弥坂湯
旧東海道
花紋
箱根新道

大平台站
塔ノ沢キャトルセゾン
P.102四季を味わう宿 山の茶屋
Ⓖ 阿弥陀寺 P.55
箱根町
湯本
小田急箱根
姫之湯
孝三叉橋
塔之澤站
箱根湯寮
三枚橋
湯本中前
ふれあい広場
観山苑 Ⓗ
塔之澤温泉
紫雲荘
Ⓢ 辻国豆ふ店 P.95
一の湯 Ⓗ
箱根湯本站
仙元の泉
Ⓗ
上塔の沢
環翠楼
箱根湯本役場
郷土資料館 Ⓗ
大平台
天山湯治郷 かよい湯治 休み
聚仙楼
早雲公園
Ⓗ ホテル明日香
Ⓗ 鯛ごはん懐石 P.82
温泉場入口
湯本小
P.32 天山湯治郷 天山
塔之沢 吉野屋
湯坂山
P.105雄子亭 豊菜旬菜 おくゆもと
飛畑の滝
玉簾の滝
上圖 箱根湯本詳細圖
P.25 小田急 ホテルはつはな
おくゆもと
箱根湯本
台の茶屋
春光荘 Ⓗ
奥の茶屋
Ⓡ 湯遊び処 箱根の湯 P.33
箱根湯本温泉
732
手打ち蕎麦 彦(げん) P.84
小田原湯本カントリークラブ
Ⓗ ホテルおかだ
須雲川橋
天狗山神社
Ⓗ 南風荘
Ⓢ 湯の里おかだ P.33
湯本茶屋
箱根峠IC
白銀林道
御所の入橋

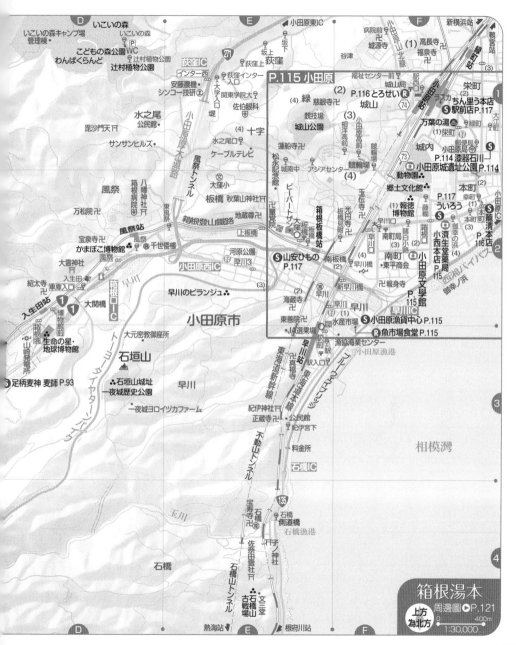

箱根湯本

周邊圖 ●P.121

上方
為北方

1:30,000

0   400m

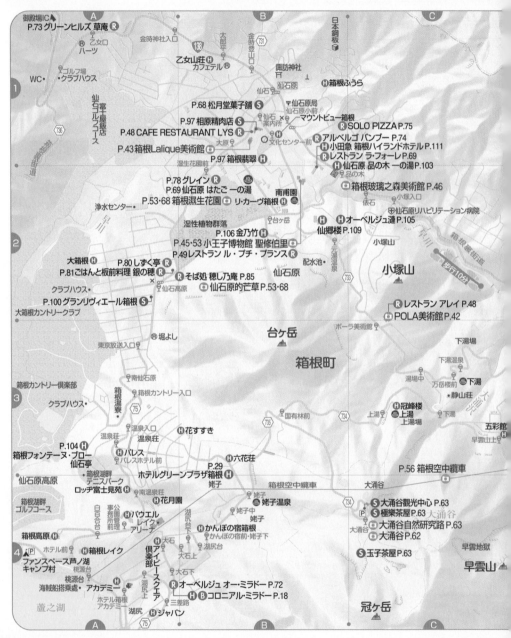

御殿場IC▶

A

B

C

P.73 グリーンヒルズ 草庵 ®

乙女口
ハーツ
ゴルフ場・クラブハウス
WC・
金時神社入口
138
諏訪神社
731
紅石廊
日本鋼板
乙女山荘
カフェテル ®
仙石原
H 箱根ふうら

富士屋飯店
仙石ゴルフコース
道志田道志峠

P.68 松月堂菓子舗 S
〒仙石原局
仙石案内所
マウントビュー箱根
SOLO PIZZA P.75

P.97 相原精肉店 S
×
文化センター前
アルベルゴ バンブー P.74

P.48 CAFE RESTAURANT LYS ®
大原
H 小田急 箱根ハイランドホテル P.111
® レストラン ラ・フォーレ P.69

P.43 箱根Lalique美術館 ®
湿生花園前
H 仙石原 品の木 一の湯 P.103
品の木

P.97 箱根翡翠 ®
箱根玻璃の森美術館 P.46

P.78 グレイン ®
小塚入口
小塚山

P.69 仙石原 はたご 一の湯
南甫園
俵石
仙石原リハビリテーション病院

P.53·68 箱根湿生花園 ® リ・カーヴ箱根
台ヶ岳
H オーベルジュ漣 P.105

浄水センター・
湿性植物群落
P.106 金乃竹 H
仙郷楼 P.109
小塚山

P.45·53 小王子博物館 聖修伯里
配水池・
小塚山

大箱根 H
P.80 しずく亭
P.49レストラン ル・プチ・プランス ®
仙石原
733
箱根裏街道

P.81ごはんと板前料理 銀の穂 ®
×
そば処 穂乃庵 P.85
® レストラン アレイ P.48

クラブハウス・
仙石高原
仙石原的芒草 P.53·68
POLA美術館 P.42

P.100 グランリヴィエール箱根 S
台ヶ岳

大箱根カントリークラブ
ポーラ美術館
下湯場

東京放送入口
® 堀よし
箱根町
下湯温泉
湯中
万岳楼前
下湯

箱根カントリー倶楽部
南仙石原
箱根カントリー入口
75
静山荘

クラブハウス・
箱根湯寮
国有林前
734
冠峰楼 H
五彩館

3
温泉入口
温泉荘
735
上湯温泉
上湯
上湯場
早雲山上†

P.104 H
花すすき
箱根フォンテーヌ・ブロー・仙石亭
H パレス
パレスホテル前
六花荘

仙石原高原
箱根湖畔テニスパーク
P.29
ホテルグリーンプラザ箱根 H
箱根空中纜車
大涌谷
P.56 箱根空中纜車

仙石原湖畔ゴルフコース
ロッヂ富士見苑
南温泉荘
姥子
734
S 大涌谷観光中心 P.63

箱根高原 H
花月園
姥子温泉
姥子中
P 極楽茶屋 P.63
大涌谷

4
P
ホテル前
箱根レイク
パウエル レイク・アリーナ
かんぽの宿箱根
姥子
大涌谷自然研究路 P.63
大涌谷 P.62

ファンスペース芦ノ湖キャンプ村
事務所管前
白百合台
かんぽの宿箱根・姥子下
湖尻台
玉子茶屋 P.63

海賊船搭乗處・
アカデミー H
大石
アイビースクエア倶楽部
湖尻上
早雲地獄

桃源台
ホテル箱根アカデミー
湖尻
三叉路
オーベルジュ オー・ミラドー P.72
コロニアル・ミラドー P.18
早雲山

蘆之湖
75
H ジャパン
冠ヶ岳

124

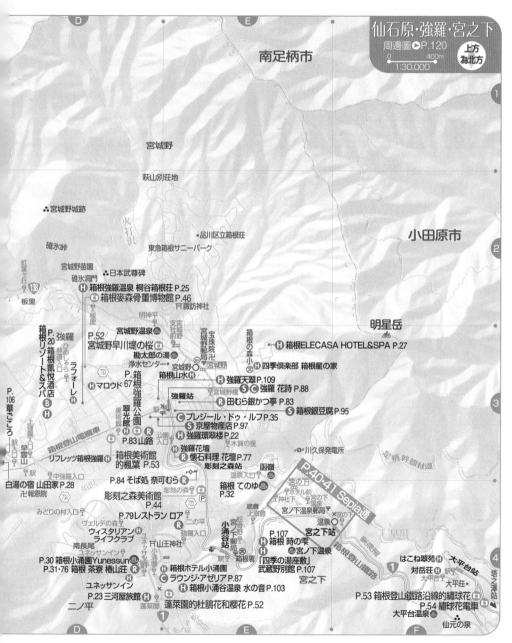

南足柄市

小田原市

宮城野

萩山別荘地

♣宮城野城跡

碓氷峠

品川区立箱根荘

東急箱根サニーパーク

紅葉ヶ丘
板里
(138)

宮城野苗園
碓氷洞門

♣日本武尊碑

Ｈ箱根強羅温泉 桐谷箱根荘 P.25
箱根麥森骨董博物館 P.46

諏訪神社

明神平

宮城野郵便局

箱根の森小

明星岳

強羅
箱根リゾート&スパ
箱根凱悦酒店

P.52
宮城野温泉
宮城野早川堤の桜
勘太郎の湯
浄水センター

宝珠院

Ｈ箱根ELECASA HOTEL&SPA P.27

四季倶楽部 箱根星の家

Ｐ.106
華ぎころ

P.20
マロウド

Ｐ箱根強羅公園

箱根山水Ｈ

強羅天翠 P.109

強羅 花詩 P.88

箱根登山鋼索車
リフレッツ箱根強羅

P.83山路

翠光館

強羅站

田むら銀かつ亭 P.83

箱根銀豆腐 P.95

プレジール・ドゥ・ルフ P.35

京屋物産店 P.97

強羅環翠楼 P.22

強羅花壇

箱根美術館の楓葉 P.53

懐石料理 花壇 P.77

彫刻之森站

川久保発電所

白湯の宿 山田家 P.28
報恩院

P.84そば処 奈可むら

函嶺

箱根 てのゆ
P.32

彫刻之森美術館
P.44

宮の下
ホテル前

宮下温泉郵便局

宮之下站

彫刻之森

P.79レストラン ロア

二の平

底倉
上底倉

宮之下温泉

P.40・41 Sepia通

みどりの村入口

ヴェルデの森
ウィスタリアン
ライフクラブ

南長尾

山王神社

小涌谷站

P.107
箱根 時の雫

P.30 箱根小涌園Yunessun
P.31・76 箱根 茶寮 椿山荘

ユネッサンイン

箱根ホテル小涌園

「四季の湯座敷」
武蔵野別館 P.107

宮之下

P.107
宮ノ下温泉

はこね翠苑

対岳荘Ｈ

太平台站

ラウンジ・アゼリア P.87

箱根小涌温泉 水の音 P.103

大平荘

太平台温泉

P.23 三河屋旅館

蓬萊園的杜鵑花和櫻花 P.52

二ノ平

P.53 箱根登山鐵道沿線的繡球花

P.54 繡球花電車

仙元の泉

125

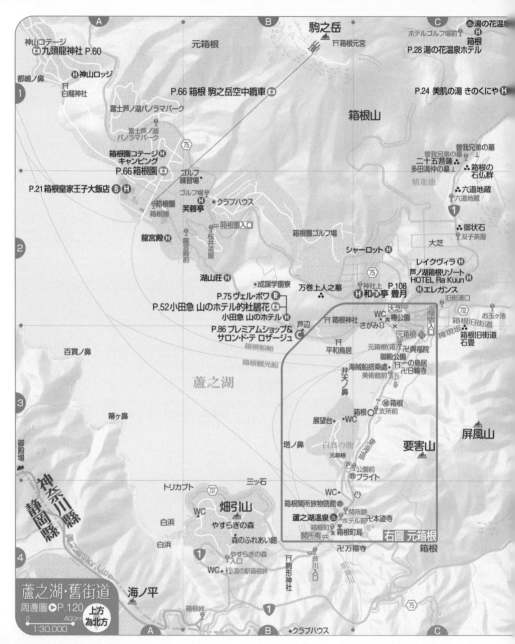

神山コテージ
九頭龍神社 P.60
神山ロッジ
都嶋ノ鼻
白龍神社

元箱根

駒之岳
箱根元宮

ホテルゴルフ場前
箱根
P.28 湯の花温泉ホテル
湯の花温泉

P.66 箱根 駒之岳空中纜車

箱根山

P.24 美肌の湯 きのくにや

富士芦ノ湖パノラマパーク
富士芦ノ湖
パノラマパーク

75

ゴルフ練習場

箱根園コテージ
キャンピング
P.66 箱根園

ゴルフ場前

曽我兄弟の墓
曽我兄弟の墓
二十五菩薩
多田満仲の墓
箱根の
石仏群
精進池
六道地蔵
六道地蔵

P.21 箱根皇家王子大飯店

箱根園
箱根園

芙蓉亭
クラブハウス

箱根園入口

箱根園ゴルフ場

御状石
双子茶屋

龍宮殿

桜井茶屋
龍宮殿前

大芝

シャーロット

レイクヴィラ
芦ノ湖箱根リゾート
HOTEL Ra Kuun

湖山荘

成蹊学園寮

神社上 75

P.75 ヴェル・ボワ
P.52 小田急 山のホテル的杜鵑花
小田急 山のホテル

万巻上人之墓

和心亭 豊月 P.108

エレガンス
旧街道口

旧街道口

石畳
箱根旧街道

お玉ヶ池

芦辺

大芝
WC
椿公園
さがみ
元箱根

箱根神社

P.86 プレミアムショップ&
サロン・ド・テ ロザージュ

箱根船舶

平和鳥居

元箱根(箱)
御殿公園
一ノ鳥居
美術館前

興福院
日輪寺

畑宿入口
732

箱根旧街道

権現坂

蘆之湖

箱根観光船

弁天ノ鼻

箱根
支所前

屏風山

百貫ノ鼻

展望台
WC

帯ヶ鼻

塔ノ鼻
白銀の池
元箱根

要害山

御殿場

神奈川縣
静岡縣

トリカブト
737

三ッ石

P
公園前
ブライト

箱根Sky Line

畑引山

WC
やすらぎの森
森のふれあい館

白浜

白浜

やすらぎの森
入口

海ノ平

WC
道の駅箱根峠

WC
箱根関所旅物語館
蘆之湖温泉
関所前
ホテル前
関所跡
本陣跡

右圖 元箱根

箱根
箱根

箱根町局
関所南

万福寺

駒形神社

芦川入口

箱根峠

75

蘆之湖・舊街道
周邊圖 ▶ P.120
1:30,000
400m
上方
為北方

クラブハウス

126

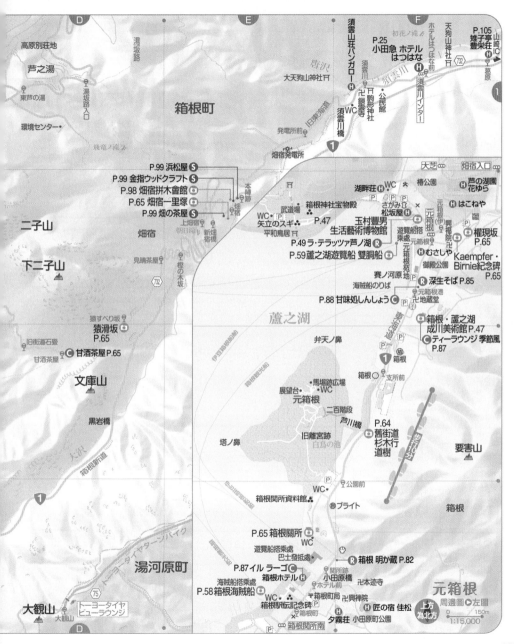

高原別荘地

芦之湯

東芦の湯

環境センター●

箱根町

須雲山荘バンガロー

須雲川

大天狗山神社⛩

初花ノ滝

天狗山神社⛩

ホテルおかだ前

山崎IC

P.105 雉子亭
豐栄荘

P.25 小田急ホテル
はつはな

旧東海道

須雲川橋

WC

駒形神社
卍鎮雲寺

公民館

須雲川インター

発電所前

畑宿発電所

二子山

下二子山

P.99 浜松屋 S
P.99 金指ウッドクラフト S
P.98 畑宿拼木會館
P.65 畑宿一里塚
P.99 畑の茶屋

畑宿

本陣跡

武道場

見晴茶屋

樫の木坂

猿すべり坂

猿滑坂 P.65

旧街道石畳

甘酒茶屋 P.65

甘酒茶屋

文庫山

黒岩橋

大観山

トヨタタイヤ
ビューラウンジ

大観山

湯河原町

箱根神社宝物殿

湖畔荘 WC ★ 椿公園

さがみ

松坂屋

玉村豊男
生活藝術博物館

P.49 ラ・テラッツァ芦ノ湖 R
P.59 蘆之湖遊覧船 雙胴船

賽ノ河原跡地

海賊船のりば

P.88 甘味処しんしょう C

元箱根港

大芝　畑宿入口

芦の湖園
花ゆら

はこねや

権現坂 P.65

Kaempfer・
Birnie紀念碑 P.65

むさしや

御殿公園

深生そば P.85

地蔵堂

箱根・蘆之湖
成川美術館 P.47

ティーラウンジ 季節風
P.87

蘆之湖

弁天ノ鼻

箱根

支所前

馬場跡広場 WC

展望台

元箱根

二百階段

旧離宮跡

塔ノ鼻

白鳥の池

芦川橋

P.64 舊街道
杉木行
道樹

要害山

WC

公園前

箱根

箱根関所資料館

ブライト

P.65 箱根關所

WC

遊覧船搭乗處
巴士發抵處

P.87 イル ラーゴ C

海賊船搭乗處

P.58 箱根海賊船

R 箱根 明か蔵 P.82

關所跡

小田原橋

本迹寺

箱根ホテル

興禅院

箱根駅伝記念碑

箱根町局

夕霧荘

小田原町公園

匠の宿 佳松

箱根関所跡前

元箱根
周邊圖 ●左圖

上方
為北方

0　　　　150m
1:15,000

127

往箱根的交通
小田急浪漫特快最舒適、便利

前往箱根旅行的起點、
箱根湯本站的方法有很多種，選擇最舒適又便利的手段吧。
也別忘了利用超值的票券。

從各地前往箱根

因為是東京近郊的觀光地，前往箱根的交通工具和班次很多，其種類和所需時間、價格都不相同。可以根據預算、時間以及心情來選擇喜愛的交通工具。不管是利用小田急或是JR，都是以從小田原方向進入的路線為主，但也有從三島方向進入的路線。

搭乘火車時的重點

前往箱根的方法中，最為人熟知的便是小田急浪漫特快。以銀白色車體的「浪漫特快・VSE」為首，有好幾種不同的車輛，不論哪一種都能享受舒適又高品質的旅程。利用JR的話，搭乘新幹線是比較快，但如果從埼玉、群馬縣內的高埼線的主要車站的話，則是中途不需換車、可直達小田原的湘南新宿線的特快車、快車較為便利。以950日圓（週六和國定假日為750日圓）買自由座的話，就能以合理的價格，享受舒適的旅程。

出發地	路線	所需時間	費用
東京	東京站→🚄JR東海道新幹線こだま（一部分的ひかり也可以）→小田原站→🚃箱根登山鐵路→**箱根湯本站**	1小時20分	3940日圓
	東京站→🚃JR東海道本線快速、普通→小田原站→🚃箱根登山鐵路→箱根湯本站	1小時50分	1750日圓
新宿	新宿站→🚃小田急浪漫特快→**箱根湯本站**	1小時25分	2020日圓
	新宿站→🚃小田急線快速急行、急行→小田原站→🚃箱根登山鐵路→箱根湯本站	2小時	1150日圓
橫濱	橫濱站→🚃JR東海道本線快速、普通→小田原站→🚃箱根登山鐵路→箱根湯本站	1小時25分	1250日圓
名古屋	名古屋站→🚄JR東海道新幹線こだま（一部分的ひかり也可以）→小田原站→🚃箱根登山鐵路→**箱根湯本站**	2小時35分	9000日圓
大阪	新大阪站→🚄JR東海道新幹線こだま（一部分的ひかり也可以）→小田原站→🚃箱根登山鐵路→**箱根湯本站**	3小時40分	12570日圓

註）費用為一般時期普通車資的單程費用、新幹線為普通車指定座位

 詢問

小田急旅客中心
☎03-3481-0066（9:00〜19:00　特急券預約為10:00〜18:00）
JR東海電話中心（搭乘東海道新幹線時）
☎050-3772-3910（6:00〜24:00）
JR東日本詢問中心（搭乘在來線時）
☎050-2016-1600（6:00〜24:00）

128　標記說明　🚄 新幹線　🚃 其他鐵路

co-Trip推薦網站

箱根Navi
有各種票券以及
箱根的觀光情報
http://www.hakonenavi.jp/

 前往箱根的超值票券

●箱根Free Pass

到小田急為止的小田急線來回車票、加上箱根區域內指定的主要交通工具自由搭乘組合而成的套票⇨P.14。持有新宿出發的箱根Free Pass，小田急箱根高速巴士的新宿站西口（小田急Haruku前）～東名御殿場之間只要850日圓（平常要1540日圓）等，有許多超值的服務。不過，搭乘浪漫特快時，需要另外購買特急券。

●假日外出通票
（休日おでかけパス）

可以自由搭乘東京近郊JR東日本指定區間內的快速、普通列車的普通車自由座，通往箱根的玄關小田原站也在指定區間之內。出發站到小田原站的JR線單程超過1300日圓時，這個通票就比較划算。週六日、國定假日和黃金週、暑假期間、過年期間的1天內有效，2600日圓。東京周邊的JR東日本主要車站的綠色窗口和びゅうプラザ（View Plaza）、主要旅行社都可購買。

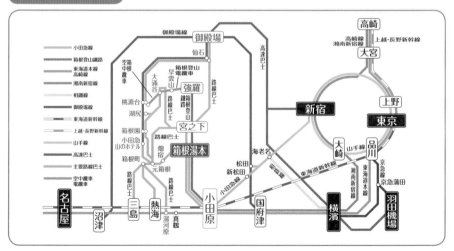

交通地圖

小田急線
箱根登山鐵路
東海道本線
高崎線
湘南新宿線
相鐵線
御殿場線
東海道新幹線
上越・長野新幹線
山平線
高速巴士
主要路線巴士
空中纜車
電車電車

御殿場線　御殿場
高崎
高崎線　上越・長野新幹線
湘南新宿線
仙石　大宮
空中纜車　箱根登山
大涌谷　電纜車
　　　　早雲山
桃源台　強羅　路線巴士
湖尻　　鐵箱　新宿
　　　　路根　上野
箱根園　宮之下　東京
小田急山のホテル　路線巴士
箱根町　　箱根湯本　海老名　山手線
　　　　畑宿　　　松田　　　大崎
　　　　　　　　　新松田　　　品川
　　元箱根　　　　　　　　　京急線
路線巴士　　　　　東海道新幹線　京急蒲田
名古屋　沼津　三島　熱海　小田原　国府津　横濱　羽田機場
　　　　　　　湯河原　真鶴　小田急線　湘南新宿本線
　　　　　　　　　　　　　　　東海道本線

利用高速巴士直接前往區域內的景點
也有到羽田機場的班次

小田急箱根高速巴士連結新宿站和箱根桃源台（蘆之湖）之間（一部分到箱根園、箱根小田急山のホテル），
從7時左右到15時為止每30分鐘一班、16時左右到19時1小時一班。
此外，從羽田機場也有與京濱急行巴士共同營運的班次，從遠方拜訪箱根也很便利。

出發地	路線	班數（去程單程）	所需時間（去程）	費用
新宿	**新宿站西口→** 東名御殿場→箱根仙石詢問處→**箱根桃源台**	17	2小時13分	1950日圓
	新宿站西口→ 東名御殿場→箱根玻璃之森→**箱根桃源台**	6	2小時13分	1950日圓
	新宿站西口→ 東名御殿場→箱根仙石詢問處→箱根桃源台→**箱根園**	7	2小時28分	2100日圓
	新宿站西口→ 東名御殿場→箱根仙石詢問處→箱根桃源台→**箱根小田急山のホテル**	4	2小時33分	2150日圓
羽田機場	**羽田機場**（註）→ 橫濱站東口→御殿場站→仙石高原→**箱根桃源台**	5	2小時22〜52分	2200日圓
	羽田機場（註）→ 橫濱站東口→箱根湯本站→**ホテルはつはな**	2	2小時5〜20分	1900日圓

註：從羽田機場國際線航站、第1航站、第2航站都可以搭乘。

・運行班數為2013年9月現狀。
・車資為起點至終點的單程。根據利用區間也有來回優惠。

② 開車前往的話

箱根區域的高速公路網也很便利，可享受在大自然間兜風。
不過旺季時可能會嚴重塞車，需多加留意。

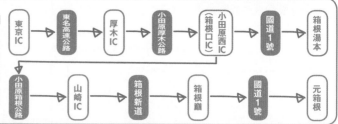

從東京出發
【從東京走東名高速公路、小田原厚木公路、西湘快速道路】
箱根口IC為止67km ⏱55分鐘 ¥1950日圓
從東名高速公路的厚木IC經由小田原厚木公路的小田原IC（西湘快速道路箱根口IC）往箱根湯本方向。往蘆之湖方向的話，再從小田原西IC經由小田原箱根公路、箱根新道。往仙石原方向則從東名高速公路走到御殿場IC，還有走國道138號回到神奈川縣方向的路線。

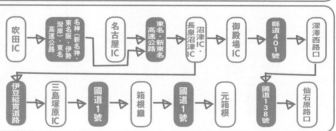

從名古屋、大阪
【從名古屋、大阪走東名高速公路、御殿場IC】
從名古屋到御殿場IC
232km ⏱2小時35分鐘 ¥5250日圓
從大阪・吹田IC到御殿場IC
387km ⏱4小時20分鐘 ¥8800日圓
從御殿場IC走國道138號，從仙石原方向進入箱根區域相當便利。也可在沼津IC、長泉沼津IC下交流道，經由伊豆縱貫道路和國道1號往箱根方向。

高速公路、收費道路的費用為不使用ETC時的一般收費金額。

箱根的道路交通情報
日本道路交通情報中心
☎ 050-3369-6614（神奈川情報）
手機直撥 #8011
HP http://www.jartic.or.jp/
可由上述管道確認

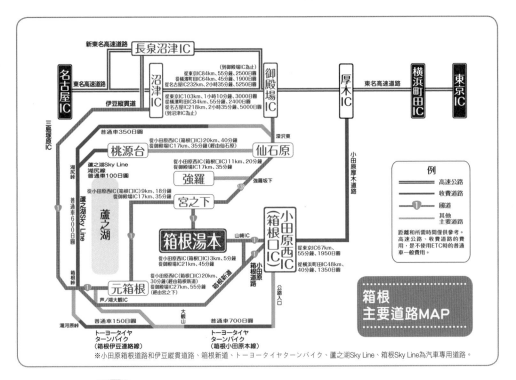

新東名高速道路

長泉沼津IC

東名高速道路

名古屋IC

沼津IC

伊豆縦貫道

御殿場IC

厚木IC　東名高速道路　**横浜町田IC**

東京IC

（到御殿場IC為止）
從東京IC84km、55分鐘、2500日圓
從橫濱町田IC64km、45分鐘、1900日圓
從名古屋IC232km、2小時35分鐘、5250日圓

從東京IC103km、1小時10分鐘、3000日圓
從橫濱町田IC84km、55分鐘、2400日圓
從名古屋IC218km、2小時35分鐘、5000日圓
（到沼津IC為止）

三島塚原原IC

深沢東

小田原厚木道路

普通車350日圓

桃源台

蘆之湖Sky Line
湖尻線
普通車100日圓

仙石原

從小田原西IC（箱根口IC）20km、40分鐘
從御殿場IC17km、35分鐘（經由仙石原）

湖尻峠

蘆之湖Sky Line

強羅

從小田原西IC（箱根口IC）11km、20分鐘
從御殿場IC17km、35分鐘

強羅坂下

普通車600日圓

宮之下

從小田原西IC（箱根口IC）9km、18分鐘
從御殿場IC17km、35分鐘

蘆之湖

箱根湯本

山崎IC

〈箱根口〉小田原西IC

從小田原西IC（箱根口IC）3km、5分鐘
從御殿場IC21km、45分鐘

從東京IC67km、55分鐘、1950日圓

從橫濱町田IC48km、40分鐘、1350日圓

箱根峠

元箱根

從小田原西IC（箱根口IC）20km、30分鐘（經由箱根新道）
從御殿場IC27km、55分鐘（經由宮之下）

箱根新道

小田原道路

芦ノ湖大観IC

大観山

公路入口

普通車150日圓

例

━━━ 高速公路
━━━ 收費道路
─①─ 國道
─── 其他主要道路

距離和所需時間僅供參考。
高速公路、收費道路的費用，是不使用ETC時的普通車一般費用。

箱根主要道路MAP

湯河原峠

トーヨータイヤ
ターンパイク
（箱根伊豆連絡線）

普通車700日圓

トーヨータイヤ
ターンパイク
（箱根小田原本線）

※小田原箱根道路和伊豆縦貫道路、箱根新道、トーヨータイヤターンパイク、蘆之湖Sky Line、箱根Sky Line為汽車專用道路。

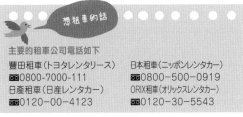

想租車的話

主要的租車公司電話如下
豐田租車（トヨタレンタリース）
☎0800-7000-111
日產租車（日産レンタカー）
☎0120-00-4123

日本租車（ニッポンレンタカー）
☎0800-500-0919
ORIX租車（オリックスレンタカー）
☎0120-30-5543

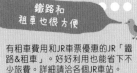

鐵路和租車也很方便

有租車費用和JR車票優惠的JR「鐵路&租車」。好好利用也能省下不少旅費。詳細請洽各個JR車站。

ことりっぷ 箱根

index

index

Ⓣ 景點　Ⓡ 餐廳　Ⓒ 咖啡店　Ⓢ 商店　Ⓗ 飯店　Ⓑ 美容　♨ 溫泉

ことりっぷ co-Trip 小伴旅

箱根

【 co-Trip日本系列 7 】

箱根小伴旅

作者／MAPPLE 昭文社編輯部
翻譯／莊仲豪
校對／鄧宜欣
發行人／周元白
製版印刷／長城製版印刷股份有限公司
出版者／人人出版股份有限公司
地址／23145新北市新店區寶橋路235巷
6弄6號7樓
電話／（02）2918-3366（代表號）
傳真／（02）2914-0000
網址／www.jjp.com.tw
郵政劃撥帳號／
16402311人人出版股份有限公司

經銷商
聯合發行股份有限公司
電話／（02）2917-8022

第一版第一刷／2013年12月
第一版修訂第二刷／2014年4月
定價／新台幣280元

國家圖書館出版品預行編目(CIP)資料

箱根小伴旅 / MAPPLE昭文社編輯部作；
莊仲豪翻譯. -- 第一版.
-- 新北市：人人, 2013.12
面；　公分. -- (co-Trip日本系列；7)
譯自：箱根
ISBN 978-986-5903-36-7(平裝)

1.旅遊 2.日本神奈川縣
731.72709　　　　　　　102022437

co-Trip　HAKONE ことりっぷ箱根

●本書提供的，是2013年8月～9月的資訊。由於資訊可能有所變更，要利用時請務必先行確認。另因日本調高消費稅，各項金額可能有所變更；部分公司行號可能標示不含稅的價格。此外，因為本書中提供的內容而產生糾紛和損失時，本公司礙難賠償，敬請事先理解後使用本書。
●電話號碼提供的都是各設施的詢問電話，因此可能會出現非當地號碼的情況。因此使用衛星導航等設備查詢地圖時，可能會出現和實際不同的位置，敬請注意。
●各種費用部分，入場券部分的標示以大人的票價為基準。
●開館時間、營業時間，以到停止入館的時間之間，或是到最後點餐時間之間為基準。
●不營業的日期，只標示公休日，不包含臨時停業或盂蘭盆節和過年期間的休假。
●住宿費用的標示是淡季平日2人1房入宿時的1人份費用。但是部分飯店，也可能房間為單位來標示。
●交通標示出來的是主要交通工具的參考所需時間。

●この本に掲載されている地図の作成に当たっては、国土地理院長の承認を得て、同院発行の2万5千分の1地形図　5万分の1地形図　20万分の1地勢図を使用した。(承認番号　平25情使、 第7-153906号 平25情使、 第8-153906号 平25情使、 第9-153906号)
●この本に掲載された地図のシェーディング作成に当たっては、「地形モデル作成方法」(特許 第2623449号) を使用しました。

●著作權所有　翻印必究●

※本書系凡有「修訂」二字，表示內容有所修改。
「修訂～刷」表示局部性修改，「修訂～版」表示大幅度修改。